AF591663

Que devient la Société des Nations ?

par

M. D'ESTOURNELLES DE CONSTANT

SÉNATEUR

ANCIEN DÉLÉGUÉ DE LA FRANCE AUX DEUX CONFÉRENCES DE LA HAYE

PARIS

LIBRAIRIE BERNARD GRASSET

61, Rue des Saints-Pères, 61

1920

INTRODUCTION

En réimprimant et en répandant, sous une forme populaire, mon examen critique du Pacte de la Société des Nations, publié, l'an dernier (15 mai), par la Ligue des Droits de l'Homme, l'éditeur Bernard Grasset fait œuvre de propagande ; je l'en remercie. Il proteste contre les campagnes gouvernementales, vraiment excessives et heureusement vaines, que m'a values cet examen trop indépendant, paraît-il ; il réagit contre certain scepticisme actuel, hélas trop naturel, mais qui ne résout rien et aggrave tout, quand il faudrait tant de dévouement pour réparer nos défaillances. Il fait connaître enfin ce qu'on peut attendre de la Société des Nations.

Il faut croire à la Société des Nations, profiter de toute circonstance, même et surtout adverse, pour la servir. Elle ne vivra que si nous la faisons vivre ; et, pour la faire vivre, pour savoir ce qu'elle deviendra, il faut commencer par savoir d'où elle vient, quelles difficultés elle a traversées et quelles difficultés l'attendent ; — tel est l'objet de mon étude ; — sa vie n'a été, ne sera qu'une lutte contre l'ignorance et l'égoïsme. Il n'y a pas là de quoi nous décourager ; au contraire, il faut qu'on le sache : la Société des Nations ne sera qu'une institution humaine ou ne sera pas. Déjà sa naissance ressemble à un accident. M. Clemenceau qui, pour rien au monde, n'aurait accepté d'être son parrain, n'en a pas moins été l'un de ses pères. C'est le signe qu'elle devait, tout de même et bien malgré tout, finir par voir le jour. J'entends encore M. Clemenceau s'écrier, au début de la Conférence, avec l'accent, les yeux, les bras que vous savez : « Vous y croyez, vous, à la Société des Nations ? » Et il n'a pas pu résister à la joie de se donner à lui-même, comme à tout le monde, le plus inattendu des démentis.

J'ai bien souvent pensé à ce rôle providentiel de M. Clemenceau qui ne croit pas à la Providence. Toute sa vie, il a été sur le pied de guerre ; il a attendu la guerre, — avec tant de foi, d'ailleurs, qu'il n'a pas songé à la préparer, — et il a criblé de ses traits les naïfs qui s'efforçaient de la prévenir, ceux qui prétendaient, comme moi, que la guerre serait pour la France un risque effroyable, et, même victorieuse, un irréparable fléau. Ces naïfs qui n'ont pas manqué, la guerre déclarée, de tout sacrifier, comme lui, pour la repousser... Il a fait la guerre et il l'a finie. C'est par là qu'il a bien mérité de la Patrie.

Mais celui qui a fait la guerre et qui l'a finie, celui qui n'a jamais cessé, pendant soixante ans, de ridiculiser la paix, était-il capable de se placer subitement de l'autre côté de la barricade, selon son expression favorite, pour réaliser les chimères dont il s'était toujours moqué? Conçoit-on M. Clemenceau cessant de batailler pour se mettre à organiser une paix durable? L'Alsace et la Lorraine rendues à la France, n'aurait-il pas dû borner là son triomphe et refuser de recommencer sa vie en sens inverse, à quatre-vingts ans? Je n'en sais rien. Le mystère de la vie est insondable. Je m'explique pourtant qu'il n'ait pas voulu laisser à d'autres qu'à lui-même le soin d'organiser le lendemain de la victoire. Il n'a eu confiance dans la paix que si elle était fondée par lui. Dans un état d'esprit bien différent de celui du Président Wilson, il a échoué, lui aussi, pour avoir, comme le Président Wilson, trop présumé de ses forces; il a prétendu monopoliser un effort presque surhumain de conciliation que le concours de tous les dévouements et de toutes les confiances du monde associés pouvait seul conduire à bonne fin. A-t-il jamais pu croire à son propre succès? Peut-être. Mais il a pu croire, moins encore à celui du Président Wilson; et il n'a pas été le seul de cet avis, dans les sphères gouvernementales, en Europe. Et, dès lors, la rencontre de ces deux exigences contraires, le scepticisme de l'un et l'enthousiasme de l'autre, n'était en réalité qu'un duel, sous les apparences d'une collaboration, entre deux hommes d'Etat. Et qu'attendre d'un pareil duel? Le Président Wilson arrivant du Nouveau-Monde pour préconiser la paix des peuples à une assemblée de diplomates, présidée par le plus implacable et le plus illustre des polémistes; le Président Wilson débarquant sans préparation, pour affronter, sur un terrain qu'il ignorait, l'extraordinaire maîtrise du destructeur par excellence. Quand on a vu tomber les uns sur les autres, sous la griffe du Tigre, les principaux hommes d'Etat qui ont contribué à la grandeur de la France moderne, depuis Gambetta jusqu'à Jules Ferry et à tant d'autres; quand on a mesuré ensuite tout ce que la France a souffert de la guerre et tout ce qu'on lui avait fait attendre miraculeusement de la victoire, on ne peut se faire d'illusion. Le Président Wilson, n'étant même plus soutenu dans son pays, était condamné à échouer à Paris ; et cela d'autant plus sûrement que son obstination ne permettait à personne de le mettre en garde. Il s'est avancé dans l'inconnu qui le guettait, ou, pour mieux dire, dans la jungle, les yeux fermés. Beaucoup d'Américains escomptaient son échec, la presse officieuse de Paris nourrissant leurs campagnes aux Etats-Unis ; ils se sont trompés, eux aussi ; ils ont favorisé la discorde à la Conférence, au détriment de leur pays, comme de tous les autres pays. Qu'elles qu'aient pu être ses erreurs, le Président Wilson représentait les Etats-Unis dans le Conseil des Nations. Monter l'opinion contre lui, — l'Allemagne une fois vaincue, — c'était aigrir la reconnaissance mutuelle et la tourner en ingratitude entre les Alliés, alors que leur union devait s'imposer autant que jamais.

Ainsi s'expliquent les résultats contradictoires de la Conférence de Paris. Elle n'a pas été seulement tiraillée dans tous les sens, comme la plupart des conférences diplomatiques ; elle a obéi à des directions antagonistes, chacun ne comprenant vraiment l'esprit de sacrifice que de la part d'autrui.

Dirai-je qu'à la place de M. Clemenceau un autre aurait mieux fait ? J'en connais qui, par faiblesse, eussent fait pire, car son autorité, dans certains débats décisifs, fut grande; il a tenu en respect nos mégalomanes; je le reconnais en plusieurs points de mon exposé ; il a concentré notre victoire qui menaçait de s'étendre outre mesure. Mais tout de même la France, avocat désintéressé du Droit, comme je l'ai vue aux deux Conférences de La Haye, aurait pu imposer sa voix; modérer les rivalités d'appétits, grouper autour d'elle une majorité libérale, anti-impérialiste. Elle aurait pu ne pas reléguer au magasin des accessoires les principes que les Gouvernements alliés avaient proclamés comme leurs buts de guerre tant qu'il s'agissait d'entretenir le feu sacré de la résistance commune, à commencer par l'arbitrage obligatoire et la limitation des armements. Elle aurait pu faire confiance à la révolution qui se fondait à son exemple et ne pas favoriser la réaction en Allemagne comme en Russie ; elle aurait pu détourner d'elle les ressentiments et se gagner des sympathies pour l'avenir en abandonnant sa menace puérile d'encercler « de fils de fer barbelés », comme un *camp immense de concentration, toute l'Europe Centrale, jusqu'aux profondeurs de l'Asie..Elle aurait évité ainsi son double isolement, — du côté de ses Alliés comme du côté de l'Allemagne, — son double isolement, c'est-à-dire la charge écrasante du lendemain de la guerre, telle que les mensonges officiels essaient de la dissimuler : la France passant de l'avant-garde à l'arrière-garde des nations et réduite, saignée, épuisée, ruinée, au rôle de gendarme de tout le monde, depuis le Rhin jusqu'en Asie Mineure ; aux prises avec des complications infinies, entraînée dans un engrenage irrésistible où disparaîtront, avec les milliards qu'elle n'a plus, le peu de soldats qui lui restent. Déjà 409.000 hommes figurent, dans les déclarations du Ministre de la Guerre, sans parler de celles, non négligeables cependant, du Ministre de la Marine, au compte des troupes que nous entretenons à l'extérieur ; 409.000 hommes, plus de deux classes. Et combien à l'intérieur, pour tout prévoir? au moins une classe, — et probablement davantage ; à moins qu'on ait recours, sans mesure, à nos contingents coloniaux. Et alors ? pour recruter des corps d'armée parmi ces populations indigènes qui ont déjà tant donné de leur sang ; pour en faire, sinon des esclaves, des mercenaires, quelle contrainte ! quel effort ! quelles dépenses ! quels risques d'insurrections ! Et combien d'hommes pour réprimer ou prévenir ces insurrections ?*

La guerre aura porté ses fruits empoisonnés. Et, pour être tout à fait juste, il faudrait, une fois déchaînée, savoir gré à ceux qui, malgré tout, et tant bien que mal, l'ont finie. La Conférence pourra figurer au nombre des victimes de la guerre. Quoi qu'elle fît, on ne pouvait attendre d'elle qu'elle réparât le mal irréparable. Car c'est la guerre qui a fait le mal, et c'est en vain que ses partisans essaient aujourd'hui de nous donner le change en prenant la Conférence pour bouc émissaire.

On pourra justifier la Conférence devant l'Histoire ; on ne justifiera jamais la guerre. La Conférence, à côté de tout ce qu'elle a manqué, laissera, malgré tout, des résultats bienfaisants, des germes qui, à la longue, pourront tout sauver ; à une condition, c'est que l'humanité ne désespère pas de son œuvre et lui fasse confiance, quand même, et se décide à en tirer parti.

***

La Conférence aura créé, mis en vedette, au-dessus des traités de paix, l'essentiel, la Société des Nations. Et quand on demande : « Que devient la Société des Nations ? » je réponds : elle sera ce que nous voudrons qu'elle soit. Certes, elle reviendra de loin. Il faut commencer par connaître les faiblesses de sa constitution première. Cela fait, si l'opinion s'intéresse à ses efforts, surveille et seconde ses progrès, elle prospèrera. Qu'on en juge par le développement décisif d'un seul de ses organes : la Commission du Travail. Loin de dédaigner ses débuts, les populations ouvrières, dans tous les pays, se sont organisées pour y participer activement ; et déjà cette Commission prend l'importance d'un Parlement, sinon d'un Gouvernement international du Travail. Elle ne laissera pas dépérir la Société des Nations dont elle fait partie.

Mais la Société des Nations elle-même, comme je l'ai prévu, semble plus attachée à la vie qu'on ne le pensait à s'origine. Elle se hâte lentement et comme il convient ; elle ne hâte de faire ses premiers pas. J'ai été visiter, l'été dernier, à Londres, ses installations provisoires, en attendant le palais qu'on commencera peut-être par lui refuser à Genève ou ailleurs, comme on a commencé par escamoter celui de La Haye. Ces installations sont remarquables. Le personnel qui les occupe a été choisi le mieux possible et sans éliminer la France autant que je le redoutais. Des édifices grandioses leur sont attribués, parmi tous ceux que les réquisitions de la guerre laissaient disponibles. Et, détail amusant, c'est le palais du grand guerrier, celui du duc de Marlborough, qu'on a choisi pour premier domicile de la Société. Pour qui connaît la répugnance de l'Angleterre à verser dans les idées nouvelles, mais, en revanche, son entrain a les adopter, quand elles deviennent viables, la faveur officielle dont jouit à Londres la Société des Nations est un signe de plus de son avenir. Elle n'est plus méconnue, raillée ; elle est adoptée.

M. Bourgeois peut être fier, ou plutôt heureux, car la fierté n'est pas son faible. Il voit son rêve se réaliser. Tenu à l'écart, au début de la Conférence de Paris, par le Gouvernement de M. Clemenceau, il s'est finalement imposé ; il a fait preuve de tant d'activité, d'obstination et d'autorité qu'il est aujourd'hui, — avec MM. Arthur Balfour, pour l'Empire britannique, Ferrari pour l'Italie, Q. de Léon, pour l'Espagne, Matzui, pour le Japon, da Cunha, pour le Brésil, Paul Hymans, pour la Belgique, Venizelos, pour la Grèce,

— parmi les tuteurs dirigeants de la nouvelle institution. Le Conseil de la Société, — sans attendre que les Américains se décident à sortir de leurs querelles intérieures, — le Conseil des Neuf, qui ne sont que huit, jusqu'à nouvel ordre, a pris conscience de son rôle ; il existe ; il agit ; il a pour Secrétaire Général, actif et considéré, Sir Erik Drummond, entouré d'un état major international d'élite ; il s'est réuni déjà trois fois depuis l'automne dernier ; deux fois à Paris, une fois à Londres ; il va se réunir prochainement à Rome ; il travaille, on le verra plus loin, à deux tâches distinctes : l'une immédiate, très ingrate, l'exécution des traités ; l'autre d'avenir, la création des organes de vie indispensables à la Société.

Tout cela demande du temps, de la confiance, du crédit ; tout cela exige le concours et non plus l'indifférence de l'opinion. Voilà pourquoi, M. Grasset et moi, nous croyons nécessaire, urgent, de contribuer à l'instruire ; pourquoi nous publions l'exposé critique suivant qui est en même temps un acte de foi.

D'Estournelles de Constant.

Paris 1er avril 1920.

QUE DEVIENT LA SOCIÉTÉ DES NATIONS?

L'Isolement de la France.

Tenu à l'écart, dans l'ignorance de ce qui s'est passé avant et pendant la Conférence, je ne puis cependant me désintéresser, et encore moins désespérer de son œuvre, si insuffisante soit-elle. Je tiens à reconnaître ce que, en dépit de ses conclusions superficielles, hybrides, parfois même contradictoires, et de ses lacunes, en dépit des déceptions trop naturelles qu'elle cause et des inquiétudes qu'elle fait naître, cette œuvre a de bon, malgré tout, et d'utilisable. Je tiens d'abord à remercier M. Léon Bourgeois de la part qu'il y a prise. J'ai été son collaborateur trop dévoué, depuis vingt ans, aux deux Congrès de La Haye, pour ne pas déplorer que notre Gouvernement, sceptique et dénigrant, quant à l'avenir de la Société des Nations, n'ait pas attribué à M. Bourgeois la place qui lui revenait de droit, à côté d'un autre Français de haute valeur, M. Jules Cambon, à la Conférence de Paris, et qu'on ait même commencé par l'en exclure, en lui préférant des hommes dont plusieurs, habiles, certes, étaient notoirement hostiles à ses idées. Cette exclusion a été, pour nos Alliés, une indication qui diminuait son autorité, et, pour ses amis, un scandale ; elle concordait avec le parti pris de voir dans le Président Wilson un gêneur et de dénoncer comme un ridicule « sa noble candeur », à partir du jour où il a fait connaître ses 14 propositions de paix et prétendu conclure la guerre par l'établissement d'une Société des

Nations. En fait, les 14 propositions du Président Wilson n'étaient qu'une ébauche de programme qu'il ne fallait pas faire semblant d'accepter du bout des lèvres, mais qu'on pouvait mettre au point, d'un commun accord avec lui et avec nos autres Alliés, si vraiment on l'avait voulu. Mais cet accord ne pouvait aboutir que dans la confiance, et notre Gouvernement n'y croyait pas, loin de là ; ses amis et ses journaux ne se gênant pas pour prédire que, la guerre finie avec nos ennemis, la France aurait pour rivaux et pour adversaires ses Alliés.

C'est, en effet, contre nos Alliés que, l'Allemagne à peine vaincue par l'effort collectif de tous, la défiance de nos pouvoirs publics s'est orientée, à Paris d'abord, puis, de là, dans tout le pays, soigneusement empêché de leur manifester ses sympathies. Des discours officiels ont donné le ton, à l'appui des consignes particulières et protocolaires. J'ai entendu, à Strasbourg, celui du Président de la République, le 10 décembre, discours écrit, sèche leçon d'ingratitude, à peine convenable, à l'égard de tous nos Alliés. Il n'a plus été question, en effet, que de leurs arrière-pensées égoïstes ; on a oublié, en quelques semaines, que, sans eux, l'héroïsme et les sacrifices de la France auraient été prodigués en vain ; et que le hideux militarisme allemand triomphait. Les moindres griefs, naturels et inévitables, entre compagnons d'armes de la veille, concurrents de toujours, ont été grossis et dénaturés. Aveuglément on a creusé un fossé, entre nos Alliés et nous, et de chaque côté de ce fossé, deux camps, d'importance terriblement inégale, se sont formés naturellement, au seul profit de nos ennemis : d'une part le monde anglo-saxon, depuis l'Australie, le Cap, le Canada et les Etats-Unis, jusqu'à l'Angleterre et peut-être même l'Italie, sans parler des neutres ; de l'autre, la France, épuisée par cinq ans de guerre et par ce que M. Clemenceau, — qui a du moins, lui, le courage de parler franc, — a appelé « une victoire à la Pyrrhus ». La France, l'esprit et, particulièrement, la langue française presque éliminée de la Conférence, auront souffert de cet isolement un dommage incalculable.

Il eût fallu, à la Conférence de Paris, pour aboutir aux

sacrifices mutuels nécessaires, une atmosphère de conciliation supérieure envers nos Alliés. Il fallait, dans notre propre intérêt, être indulgent pour leurs erreurs et même pour leurs torts ; leur pardonner d'être plus jeunes et d'avoir moins souffert que nous ; leur laisser cet enthousiasme qui les avait poussés, en masse vivante et irrésistible, à nos côtés ; il eût fallu gagner leurs cœurs, au lendemain de la guerre comme auparavant, en continuant de compter sur leurs sympathies, au lieu de les dédaigner. Il a plu, par malheur, à notre Gouvernement, de croire et de montrer, une fois victorieux, que nous n'avions plus besoin de personne.

Enorme et misérable erreur.

Nous aurions fait une bonne action et une bonne affaire en profitant de l'occasion pour nous enrichir, à tout jamais, de la jeunesse de nos Alliés et particulièrement de ce qui eût complété la France : *l'initiative américaine*. Et, si nous ne pouvions pas voir aussi loin, nous devions nous empresser d'utiliser, au moins pendant un an après la guerre, l'énergie et le bon vouloir de nos associés, dans les départements nombreux qu'occupaient leurs armées et où elles avaient prouvé leur bonne volonté. Les Américains surtout, venus les derniers, mais d'un tel cœur, se rendaient compte, mieux que personne, de l'effort surhumain qui nous avait soutenus jusqu'à leur arrivée ; ils nous voyaient à bout de forces ; nombre d'entre eux voulaient nous aider non seulement à vaincre, mais à nous relever. Ils disaient : « ... notre tâche ne sera pas finie avec la guerre ! » Et je les ai entendus maintes fois faire leurs plans, non pour « nous exploiter », comme on le leur a fait sentir grossièrement, mais pour nous continuer leur assistance. Ils voulaient que la France, se substituant à l'Allemagne, devînt, à la place de l'Allemagne vaincue, le port et l'entrée de l'Europe ; c'était leur intérêt, leur devoir, leur désir. Nous n'avions pas le droit de douter de la sincérité de ces sentiments, après leur formidable élan spontané à notre secours ; il fallait, en tous cas, leur témoigner, l'effort accompli, un minimum de confiance et de gratitude. On a fait juste le contraire, pour obéir aux pernicieuses excitations de la presse sensationnelle et de ses inspirateurs, acharnés d'instinct à entretenir n'importe où, dans le monde entier, par leurs polémiques, les causes d'une guerre toujours, pour eux, en expectative.

Combien de preuves ai-je relevées de cette faiblesse, faite d'ignorance, de faux amour-propre et de soumission aux pires influences ! Il faut en parler, car toutes ces fautes ont pesé sur la Conférence. Chacun de nos succès a été, pour notre Gouvernement, l'occasion de froisser l'un ou l'autre de nos Alliés, depuis l'Amérique jusqu'à la Chine ou le Portugal. Par exemple, tout en dénigrant le concours anglais et le concours américain, c'est néanmoins aux seuls Gouvernements de la Grande-Bretagne et des Etats-Unis que nous avons fini par nous adresser pour leur demander de garantir, par une nouvelle triple alliance, la sécurité de la France ; — et nous avons affecté de ne plus connaître l'Italie ! Nous avons négligé davantage encore la Belgique. Et cependant, sans la Belgique et sans l'Italie, où en seraient la France et la Grande-Bretagne et les Etats-Unis? Nous avions, dans le même esprit, quand nous croyions encore au Tzar et jusqu'au dernier jour de son règne, caché à l'Angleterre nos tractations de conquêtes secrètes depuis le début de la guerre jusqu'en février 1917. L'Angleterre les ayant découvertes, malgré nos dissimulations, s'en est emparée pour justifier son impérialisme qu'il aurait fallu tempérer. Il n'est pas de maladresse et de mesquinerie que l'orgueil de la victoire n'ait fait commettre à nos gouvernants jusque dans les moindres détails. Ainsi, tandis que notre Ministre des Finances se rengorgeait dans sa conviction déclarée que la France « avait gagné la guerre » et que, d'ailleurs, nous n'avions pas à nous préoccuper de nos budgets à venir puisque « les Boches paieront tout ! » d'autres auraient dû penser, pour lui, qu'en attendant ces bénéfices, nous ferions bien de ne pas négliger ceux que nous avions déjà sous la main et qui seraient le fruit naturel des immenses travaux entrepris par les armées américaines sur notre sol, particulièrement sur notre littoral occidental, de Saint-Nazaire à Nantes, à Bordeaux, à Brest, etc..., etc... Là des lignes de chemins de fer et surtout des gares gigantesques, sans égales au monde, ont été construites ou amorcées. — C'était le cas ou jamais d'en tirer parti. Non; personne en haut lieu n'a daigné s'intéresser à cet avenir, donner le mot d'ordre nécessaire ; les administrations, laissées à elles-mêmes, ont substitué leurs guerres de paperasseries, également funestes des deux côtés de l'Atlantique, à l'action généreuse des deux pays. Les travaux ont été plus ou moins abandonnés, comme s'ils pouvaient être un danger, inquiéter certains intérêts français, servir de réclame aux intérêts américains, favoriser l'activité, la concurrence américaines et, par là, gêner la modestie de nos entreprises nationales ; bon nombre d'entre eux ont été condamnés à ne plus servir à rien. Je connais des lignes importantes qui, à peine posées, ont été enlevées ; leurs initiateurs, après tout, ne pouvaient pas s'y intéresser plus que nous-mêmes ; ils comprirent que leur rôle était fini et qu'ils n'avaient plus qu'à rentrer chez eux le plus tôt possible, sans attendre qu'on leur ait dit : « Allez-vous-en ! »

Dans cet état d'esprit, les armées américaines, tombant subitement de l'enthousiasme à l'oisiveté et à l'ennui, isolées par toute la distance d'un océan et d'un continent, plus encore par la différence des mœurs, par leur ignorance complète de notre langue ; heurtant, comme toute autre armée l'aurait fait, les susceptibilités sinon l'intérêt de nos populations, ignorantes elles aussi, mais, en outre, surmenées, ultra-sensibles, sans conseils, sans informations véridiques, réduites au régime du silence et de l'isolement ; le Gouvernement et l'administration ne faisant pas ce qu'il eût fallu pour donner un aliment et une direction à toutes ces bonnes volontés sans emploi, pour maintenir leur moral ; le Parlement n'osant rien dire, de peur de compromettre la paix, comme il avait, pendant quatre ans et demi, craint de compromettre la guerre ; le pays étant d'une part ravagé, et d'autre part déprimé par ses sacrifices, hésitant à reprendre son activité, inquiet des lendemains de guerre qu'on lui cachait mais dont il pressentait les charges écrasantes malgré la victoire, troublé enfin par les seules voix qu'il entendit, les sourdes campagnes de la presse chauvine contre chacun de nos Alliés, successivement ; dans cet état d'esprit, la mauvaise humeur et la défiance réciproques prirent naturellement la place de la confiance.

Et c'est dans cette atmosphère que la Conférence s'est réunie !

Quel paradoxe ! Quelle conséquence déconcertante encore de cette guerre ! Paris, plus impressionnable que toute la France, se vit à la fois le centre des préventions gouvernementales et chauvines contre les partisans de la Société des Nations et le siège de la Conférence chargée de fonder cette Société. Quoi d'étonnant si la Conférence, après une telle guerre, aux prises avec une multitude de problèmes, pour un bon nombre inextricables et qu'il fallait essayer pourtant de résoudre en quelques semaines, avant la démobilisation des armées ; quand l'opinion anxieuse et plus encore ahurie, obligée d'apprendre, aux sources les moins certaines, l'histoire et la géographie de notre planète, découvrit d'un coup l'insondable complexité de la vie internationale. Quoi d'étonnant si la Conférence, aux prises avec le terrible inconnu du problème financier, du problème économique, du problème militaire et naval, des problèmes nationaux et territoriaux, avec le problème russe, dont personne ne soupçonnait les éléments gigantesques, avec le problème éternel des Balkans, avec l'autrichien, avec l'italien, le grec, le roumain, et le polonais et le tchéco-slovaque et le finlandais, et l'arménien, et le syrien et le chinois, avec celui de Constantinople et de l'Empire ottoman, avec ceux de Fiume, de Dantzig et de la rive gauche du Rhin, et les Colonies, et les réparations et les garanties, et tout le reste !.. Quoi d'étonnant si la Conférence n'a pas répondu à l'attente des peuples ? Le miracle est qu'elle n'ait pas fini dans l'anarchie. On a voulu trop attendre d'elle ; c'était bien commode, en effet ; et c'est sur elle que l'opinion, toujours égarée, va faire retomber les déceptions de la guerre. La vérité est que personne, ni Conférence, ni Gouvernement, ni peuple, ne pourra jamais tenir aucune des promesses menteuses de cette guerre ; elle a trompé tout le monde, sauf ceux qui ont vu dès longtemps en elle le comble du crime et de la folie, et de la bêtise. Et maintenant, on voudrait s'en prendre à tout le monde et non à elle seule, des déceptions et des malheurs irréparables qu'elle a causés.

Je n'ai jamais été suspect de tendresse pour M. Clemenceau ; il a du moins sur beaucoup de ses adversaires l'avantage de comprendre, sinon le pouvoir de résoudre les difficultés ; et il n'hésite pas à changer d'avis quand il le faut ; je suis certain qu'il a fait effort contre lui-même, contre tout son passé, toute sa vie, contre toutes ses convictions pour servir la Société des Nations ; et son Ministre des Affaires Etrangères l'a suivi. Mais les faits n'en restaient pas moins les faits, sans compter l'administration, par nature hostile à tout changement, l'administration mille fois plus sceptique que M. Clemenceau lui-même, mais apathique par surcroît ou hargneuse, à commencer par notre administration modèle du Quai d'Orsay, dont un de nos ambassadeurs français dit si justement : « Cette maison est xénophobe » ; sans compter la presse enfin, qui règne à Paris, comme dans toutes les grandes villes du monde et dont un libéral anglais définissait récemment ainsi l'action malfaisante : « La France est un beau pays, mais elle est aux mains de quelques journalistes réactionnaires de Paris. »

*
* *

Examen du pacte de la Société des Nations.

Ce qu'il faut en conserver ou en écarter, en développer ou en amender.

Malgré tout, la démocratie française et toutes les démocraties du monde feraient le jeu de la réaction universelle si elles prenaient leur parti de considérer comme un avortement la création officielle d'une Société des Nations, sous prétexte que cette Société est loin de répondre à ce que l'on en attendait. Une critique rageuse n'est pas un remède. Faisons plutôt le bilan impartial de ce que nous ne pouvons pas accepter, mais aussi de ce que nous devons conserver, développer et amender, sous la surveillance croissante de l'opinion. Prenons le pacte pour ce qu'il est, pour une transition, et non pour un acte définitif. Il n'est même pas, comme on l'a dit, un commencement ; il n'est qu'une suite, une étape douloureusement franchie après et avant d'autres étapes. — Et, s'il en est ainsi, ne nous arrêtons pas outre mesure à discuter son texte éphémère ; voyons seulement quel parti nous allons pouvoir en tirer. Je résumerai et commenterai dans cet esprit les dispositions principales du pacte.

Une Société des Nations est officiellement créée.

Son nom ; ses origines ; ses membres ; ses attributions. Ses organes : l'Assemblée, le Conseil, le Secrétariat général permanent.

Tout d'abord ce qui passait pour un effort subversif ou pour un rêve devient une réalité *officielle ;* une Société des Nations est créée. Elle est créée par les Gouvernements eux-mêmes, bon gré malgré, avec toutes sortes d'arrière-pensées, c'est entendu, mais les arrière-pensées comptent peu auprès de ce fait : l'enfant est né ; la diplomatie stérile l'a mis au monde. Qu'elle n'en ait pas voulu, c'est possible ; mais il est là. Il faudra désormais le tuer ou le faire vivre.

Ligue ou Société ?

Le nouveau-né commence par ne pas avoir de nom bien défini ; on l'appelle en anglais « *Ligue* des Nations » mais, en français, ce nom de « ligue » implique l'idée d'une coalition de combat, plus que celle d'une organisation pacifique ; c'est pourquoi la France lui a préféré le nom de « *Société* ». Peu importe ; sous ses deux noms, la Société ou la Ligue des Nations doit être une. Le Pacte, avec les 26 articles qui constituent sa fondation et leurs annexes, est placé en tête du traité de paix, comme la condamnation de la guerre. C'est un progrès considérable ; c'est le progrès qu'on pouvait attendre, avec un peu de confiance, d'une troisième Conférence de La Haye si l'opinion, tenue dans l'ignorance, n'avait laissé tuer dans l'œuf cette conception et si elle avait pu faire l'économie de la guerre.

Les Conventions de La Haye sont-elles supprimées ?

Et ici, première erreur de la Conférence de Paris. Le Pacte semble répudier toute parenté avec les Conventions de La Haye, jugées sans doute compromettantes... Il n'est pas même fait mention de leur nom. C'est là un sentiment mesquin et de mauvais augure. Pourquoi ? La Conférence de Paris ne peut pas plus supprimer ses origines que les Conférences de La Haye ne pouvaient répudier les leurs. Les Conventions de La Haye sont implicitement complétées par la Conférence de Paris, mais elles n'étaient elles-mêmes que la consécration de longs efforts antérieurs et notamment de l'arbitrage de l'Alabama ; elles avaient fourni à l'humanité ce qui jusqu'alors lui manquait, un moyen positif, des règles de procédure, une Cour très ingénieusement comprise, pour résoudre pacifiquement les conflits internationaux ; et ces moyens avaient fait, par trois fois au moins, leurs preuves éclatantes. C'était beaucoup. Mais les deux premières Conférences de La Haye ne pouvant pas aller plus loin, avaient sagement réservé, pour les suivantes, les innovations complémentaires ; elles n'avaient pas osé, elles n'avaient pas pu jeter les bases d'une association permanente des Etats. Leur réunion n'avait-elle pas été d'ailleurs une association déjà décisive ? Une démonstration inespérée de la possibilité de grouper tous les Etats du Monde au service d'une œuvre commune ? Et cette œuvre, commencée par la raison, dans la paix, ne pouvait-elle se continuer que dans le sang, la douleur et les destructions ? Elle aurait pu, — et bien plus solide et bien plus durable, — se continuer dans la paix. — Certes, cette paix était difficile à maintenir, nous le savons ; mais ne voit on pas aujourd'hui qu'elle sera bien plus difficile à rétablir ? Nous reviendrons plus loin sur la répudiation de l'œuvre de La Haye, quand nous aurons à comparer les résultats acquis de cette œuvre et les vagues intentions du Pacte qui ne résout ni le problème du désarmement ni même celui de l'arbitrage obligatoire.

L'admission de l'Allemagne ?

Quoi qu'il en soit, non dans la paix mais par la guerre, une Société des Nations est créée. Profitons-en. Ne perdons pas tout, même cela. Et voyons ce que peut valoir cette création. La Société n'est pas encore organisée ; elle est déclarée, voilà tout. Une fois organisée, elle s'ouvrira, le moment venu, à toutes les nations dignes de foi. Le Pacte compte déjà 32 Gouvernements signataires ; une douzaine d'Etats seront invités ensuite parmi les neutres à y adhérer. Puis viendront les vaincus ; et ici se pose le point d'interrogation que l'on sait : l'Allemagne sera-t-elle admise ?

Je réponds d'après le texte du Pacte d'abord, puis selon ma conscience.

Le Pacte n'exclut pas l'Allemagne, ni aucun des belligérants, de la Société des Nations. Une Société qui prétendrait se fonder sur l'exclusion de la moité de l'Europe ne serait que la coalition d'une majorité contre une minorité des Gouvernements. Cette ligue ne serait pas viable. On ne pourra cependant pas non plus admettre l'Allemagne sans précaution ; il faudra qu'elle fasse ses preuves de bonne foi ; je résume le plus fidèlement possible l'article 1er du Pacte, so[illegible] réserve que cette rédaction n'est pas définitive ; elle est encore soumise aux discussions des belligérants : « Tout Etat, dominion ou colonie qui se gouverne librement peut devenir membre de la Société des Nations, si son admission est prononcée par les deux tiers de l'assemblée, pourvu qu'il donne des garanties effectives de son intention sincère d'observer les obligations internationales » et « de se conformer aux principes que la Société pourra établir... »

L'Allemagne va donc rester en observation pendant un délai indéterminé. Grave imprudence, disent les partisans de son admission immédiate : admise dans la Société des Nations, l'Allemagne y serait surveillée, encadrée ; l'intérêt même de ses ennemis est de ne pas la maintenir hors la loi.

L'erreur serait bien plus grave, il me semble, si les Gouvernements alliés prétendaient rendre à l'Allemagne le bénéfice de ses relations internationales d'avant la guerre ; et tel serait le sens inévitable de son admission dans la Société des Nations. Rien ne serait plus démoralisant pour l'opinion, et plus dangereux pour l'Allemagne et pour la paix. La France, par exemple, serait complètement dévoyée ; isolée de ses Alliés, ainsi qu'on l'a vu plus haut, l'Allemagne lui serait donnée comme sa principale ressource d'avenir ; et telle serait, avec ses ruines et ses deuils, la conclusion pour elle de la guerre. Autant dire qu'on lui arracherait jusqu'à l'illusion de croire qu'elle s'est sacrifiée pour la liberté du monde. Toute la guerre n'aurait servi à rien ? Ne nous hâtons pas trop de faire cette démonstration. L'Allemagne doit prouver d'abord qu'elle s'est vraiment convertie ; qu'elle veut la paix, comme nous-mêmes ; que, tout en ayant fait peau neuve et en répudiant son Gouvernement impérial, elle répudie, elle aussi, les causes de la guerre. Elle a été dans son ensemble, pendant près de cinq ans, complice des crimes et des perfidies qui ont mis la civilisation à deux doigts de sa perte ; elle ne peut attendre de ses victimes un régime de confiance aveugle. Un tel régime l'encouragerait à croire qu'elle n'a rien à se reprocher et que son seul tort est d'avoir manqué sa victoire. On lui rendra service en l'empêchant de reprendre ses projets de domination, soit à la faveur de notre isolement et des divisions qui pourront surgir entre ses vainqueurs, soit en exploitant, de nouveau et malgré tout, les progrès infinis de la science.

J'approuve donc sur ce point vital les précautions du Pacte, mais toujours sous cette réserve que le texte vaudra selon son application, qui ne devra être ni intransigeante ni faible.

Les organes de la Société des Nations.

Quels seront les organes vitaux de la Société des Nations? — L'Assemblée, le Conseil : leurs attributions indéfinies; leur recrutement arbitraire et sans garantie. — Le Secrétaire Général Permanent, cheville ouvrière.
Comment les Gouvernements peuvent se trouver bien représentés dans les services de la Société des Nations.
Le programme d'action universelle qui manque à la Société des Nations.

Si la Société des Nations est vraiment, d'une part, *voulue* par les peuples et, d'autre part, pourvue par les Gouvernements d'une organisation viable, tous les conflits d'où la guerre pouvait sortir se résoudront pacifiquement.

Quels seront les organes de la Société? Le Pacte les prévoit sans les prévoir, les indique ou les ébauche sans les définir. En un mot, on les voit annoncés, promis très vaguement, mais on ne les voit pas vivre.

L'Assemblée Générale et le Conseil de la Société des Nations.

Ces organes, en fait, quels que soient leurs noms, seront le Gouvernement, le tribunal et l'administration nécessaires à la collectivité nouvelle ; ils devront donc être, si jeunes soient-ils, bien constitués. Ils se composeront — (d'après la très vague rédaction des art. 2, 3, 4, 5, 6 et 7) — d'une Assemblée générale, laquelle sera, je suppose, composée des Chefs d'Etat ou de Gouvernement ou de leurs représentants ; trois par Etat, au maximum. Le siège de cette Assemblée (art. 7) a été fixé à Genève, après une sérieuse hésitation entre la Suisse et la Belgique. Cette Assemblée sera par excellence une assemblée politique, une réunion gouvernementale extrêmement nombreuse, mais très éloignée du suffrage et des inspirations humaines et populaires. Elle ne siégera d'ailleurs, sauf exception, que quelques jours par an. Et cependant, elle entend conserver seule tout le pouvoir et n'en déléguer que le minimum possible à d'autres organes plus permanents qu'elle. La permanence sera confiée, en principe, — mais avec combien de restrictions et dans quelle vague mesure, et sous quelles garanties douteuses, — à un Conseil qui sera et ne sera pas, à vrai dire, législatif, juridique, exécutif (art. 4), ni même permanent. Comment sera recrutée cette Assemblée? Et comment sera recruté le Conseil? Par le bon plaisir des Gouvernements? C'est ce qu'il semble, car on ne le dit pas expressément, et on ne dit pas non plus le contraire. Avant tout et toujours, les Gouvernements des Grandes Puissances ont voulu affirmer et non abdiquer leur souveraineté; ils n'ont pas voulu se soumettre aux risques et au contrôle d'une souveraineté supérieure. Rien de plus contraire et aux précédents des Conférences de La Haye et au principe de toute Société des Nations, que cette constitution anti-démocratique et, pour tout dire, impérialiste, des organes vitaux de la Société. D'après l'article 4, le Conseil se compose de cinq représentants des cinq Grandes Puissances militaires auxquels on adjoindra, — comment? — quatre représentants de quatre autres Puissances; au total neuf membres, parmi lesquels les représentants des Puissances militaires en majorité. Il est vrai que, avec l'autorisation de l'Assemblée, le Conseil pourra s'élargir, mais telle est sa constitution première; — et il ne se réunira que selon les circonstances et au moins une fois par an!!!

Le Secrétariat Général Permanent.

Donc, il ne restera, dans la pauvre conception du Pacte, qu'un seul organe permanent, celui du Sécrétariat général, le seul vraiment existant de la Société des Nations. Les peuples vont se trouver à la merci d'une Assemblée et d'un Conseil aux attributions comme aux conditions de recrutement non définies; ils devront compter sur l'intervention bonne ou mauvaise d'un fonctionnaire choisi ou imposé par une minorité des Gouvernements.

Voilà une préparation bien médiocre des organes qui vont assurer ou compromettre la vie de cette institution novatrice par excellence. Quoi d'étonnant si cette préparation inquiète les partisans réfléchis et expérimentés d'une Société des Nations? Qui trompe-t-on? se demandent-ils, et serons-nous complices, par trop de crédulité, d'une ébauche qui semble n'être au fond qu'une mystification? Non, nous ne couvrirons aucune mystification; nous rendrons, au contraire, toute mystification et même toute faute sérieuse des Gouvernements impossible, si nous sommes en garde contre le danger.

L'Engrenage. — La Coopération des Associations privées.

Retenons seulement, et encore une fois, le fait capital : la Société des Nations est créée. Cette création entraînera, bon gré malgré, les Gouvernements dans un engrenage dont ils n'ont eux-mêmes aucune idée, précisément parce qu'ils ne veulent rien prévoir. Un engrenage irrésistible. Pourquoi? Parce qu'une coopération va s'établir, quoi qu'ils fassent, entre eux, ou, s'ils sont par trop réfractaires, malgré eux, par-dessus leurs têtes, entre les peuples. La Société va vouloir vivre, et, — si on lui en refuse les moyens, — elle sera directement en conflit avec ceux des Gouvernements qui lui seront par trop hostiles : elle ne sera pas seule menacée; elle menacera; elle sera donc considérée, et, par crainte, au moins, respectée. Immense changement qui s'affirmera dans les détails par une infinité de petits changements de fait.

Je ne me fais aucune illusion sur les pièges que l'ignorance, le mauvais vouloir, l'ambition stupide tendront à la nouvelle institution; — mais là encore, comprenons-le bien, et rassurons-nous, elle ne sera pas entièrement nouvelle; elle aura son passé, ses précédents, ses racines. Elle aura même son personnel. Ce personnel s'est formé, ou développé sous la contrainte toute puissante de la guerre, mais il existait, en germes épars, il est vrai, même auparavant. C'est là ce qu'il ne faut pas se lasser de répéter : la coopération internationale ne sera pas née de la guerre ; la guerre n'a rien créé ; elle a détruit ; la coopération internationale était déjà vivante auparavant ; elle se développait spontanément avec le progrès des communications ; elle était l'un des résultats normaux de la suppression des distances. De jour en jour plus rapprochés les uns des autres, les peuples devaient finir par s'entendre ou par se battre ; on les a forcés à se battre, pour rien, pour la satisfaction d'une poignée d'impériaux et d'impérialistes, mais ils commençaient à s'entendre et s'en trouvaient bien. Ils avaient leurs associations particulières, des multitudes d'associations qui se ramifiaient, dans le monde entier ; et ces associations ont formé insensiblement les cadres d'où va surgir, par sélection, le personnel de la Société des Nations. Toutes ces associations, au lieu d'être isolées, discréditées et plus ou moins précaires, comme jadis, vont pouvoir invoquer les immenses services rendus par leurs initiatives pendant et avant la guerre. Car notre guerre aurait-elle été victorieuse si la France pacifique ne s'était pas fait, par ses initiatives spontanées, tant de solides amitiés qui se sont changées en alliances ? Désormais les associations internationales privées, groupées et consacrées, auront à leur service le concours des Gouvernements jadis plus ou moins indifférents ou hostiles. On ne sait pas à quel point ces bonnes volontés étrangères et pourtant fraternelles tendaient à unir leurs efforts ; les Gouvernements seuls les en empêchaient, les forçaient à l'antagonisme. Cela est vrai, je l'ai vérifié, dans tous les domaines de l'activité humaine. Combien de fois, par exemple, ai-je constaté dans nos conférences internationales ou dans mes missions à l'étranger, qu'il y avait plus d'affinités entre divers membres étrangers appartenant à une même profession qu'entre chacun de ces étrangers et leurs propres compatriotes ; un militaire s'entendait mieux avec un militaire d'un autre pays qu'avec un de ses concitoyens civils ; de même le marin avec le marin, le diplomate avec le diplomate, l'inspecteur des Finances avec l'inspecteur des Finances, le commerçant avec le commerçant, l'ouvrier avec l'ouvrier, le savant avec le savant, le médecin avec le médecin, et ainsi de suite.

La Société des Nations, une fois créée, va libérer quantité d'initiatives, jusqu'alors captives, de contraintes soi-disant patriotiques, en réalité jalouses et casanières; et que sera-ce le jour où, peu à peu, toutes ces initiatives, stimulées par une ambition généreuse commune, pour le bien de toutes les patries, rivaliseront d'ardeur au service d'une même cause et non plus pour s'entre-combattre. Alors l'ambition généreuse se doublera d'un intérêt personnel tout nouveau. Et, ici encore, immense changement : une carrière se créera pour la jeunesse de tous les pays ; une carrière survenant juste au moment où tant d'activités ont été menacées par la guerre de ne plus trouver leur emploi. Une carrière internationale, que j'ai prévue depuis longtemps, au fur et à mesure du progrès des communications, viendra couronner toutes les carrières nationales, et cette carrière ne pourra se développer que dans la paix ; elle vivra de la paix comme elle fera vivre la paix. Ainsi le hasard, la violence, l'anarchie caractérisant, jusqu'à présent, l'ensemble des relations politiques inter-gouvernementales, vont faire place à un commencement d'ordre, ou, tout au moins, à une volonté collective d'ordre.

Les Résistances gouvernementales se briseront ou s'useront. — Le Miracle de la Vie.

Je sais, et j'y insiste, que la Société des Nations étant l'œuvre de Gouvernements plus ou moins hostiles, aura grand'peine à tenir ses maigres promesses ; cela semble évident ; les Gouvernements ont été représentés dans la Conférence par leurs propres chefs lesquels, pour la plupart, jaloux de leur souveraineté, ne voudront désigner pour les représenter dans l'Assemblée et au Conseil, que des hommes plus jaloux encore qu'eux-mêmes les uns des autres ; leurs hommes et au besoin leurs créatures, et non de bons serviteurs de la collectivité. Et ce danger aurait pu être évité, ou atténué si la Conférence avait osé reconnaître ouvertement ses principes, si elle n'avait pas semblé en rougir, si elle avait déclaré, par exemple, que les membres de l'Assemblée et du Conseil seraient choisis parmi les personnalités les plus respectées et les plus qualifiées de chaque pays. Ainsi le choix par trop révoltant d'un mauvais délégué aurait été rendu plus difficile par crainte de la réprobation publique. Les Gouvernements n'ont pas voulu s'imposer ce sacrifice de leurs ambitions. Le respect de la souveraineté nationale exige, paraît-il, qu'un Gouvernement puisse imposer ses hommes à la Société des Nations ; la Raison d'Etat ne doit connaître ni la raison, ni la morale. Et c'est ainsi que, sur beaucoup de points essentiels, le Pacte trahit ses origines égoïstes, ses inspirations rétrogrades ; il n'admet pas ce qu'il aurait dû proclamer, ce qui devait être la condition, la raison d'être de la Société des Nations : une raison, une souveraineté supérieures aux souverainetés nationales, une morale supérieure à l'immoralité d'un Gouvernement, — tout ce qui fut, enfin, le mot d'ordre des Alliés pendant la guerre, ce qui avait justifié et déterminé l'union des peuples libres contre l'agression du militarisme allemand ; ce qui a fait la force, la victoire et ce qui fera à jamais la grandeur de leur résistance. Il semble que les membres de la Conférence aient eu peur de prononcer les grands mots de liberté, de justice et d'humanité. — C'était dans l'ordre ; on ne pouvait attendre d'une Conférence des Chefs des Gouvernements l'abdication des Gouvernements.

Et cependant, en regardant les choses de près, je refuse encore d'être pessimiste. Les Gouvernements ne seront pas complètement libres de faire de mauvais choix aveuglants et retentissants, dans la clarté redoutable d'une discussion universelle ; une surveillance mutuelle intéressée s'établira entre eux ; et tout d'abord ils ne seront pas nécessairement d'accord pour s'imposer les uns aux autres leurs mauvais choix ; il y aura des résistances, des protestations. Et même en admettant le pire, une atténuation naturelle est à prévoir. A supposer que les Gouvernements s'entendent pour mal composer l'Assemblée et le Conseil de la Société des Nations, ils ne sont pas infaillibles et leurs mauvais choix pourront se retourner contre eux. Un bon enfant peut naître de mauvais parents, et un enfant mal né peut être amendé. Le tout est de ne pas abandonner l'enfant. Et pourra-t-on dire, sans forcer les mots, que la Société des Nations, comme les Conventions de La Haye, sont nées de mauvais parents ? Traitons plutôt ces faibles institutions nouvelles en enfants naturels, nés de pères inconnus, douteux ou mauvais, mais d'une mère dont l'influence peut tout racheter, car cette mère c'est l'humanité. Accordons-leur au moins, comme aux enfants pauvres, le bénéfice de l'Assistance Publique ; et cette assistance supérieure, pourquoi serait elle mauvaise, elle aussi ? C'est trop de pessimisme. Il serait invraisemblable qu'après la cruelle expérience de cette guerre, les peuples ayant enfin perdu la foi aveugle dans leurs gouvernants, ces gouvernants eussent tout pouvoir pour administrer la Société des Nations comme ils ont préparé et conduit la guerre. Les Parlements, dans tous les pays, ont été paralysés par les catastrophes qu'ils n'avaient pas su prévenir ; mais ils vont être renouvelés par des populations qui ne voudront plus être surprises ; ils exerceront un contrôle plus vigilant ; les femmes auront leur mot à dire, et peut-être leur vote à émettre ; elles ne seront plus contraintes à livrer en silence leurs enfants, leurs maris, leurs pères, sans rien savoir du sacrifice qu'on leur réclame. Non, les 32 Etats signataires du Pacte et les 13 Etats invités à y adhérer, puis les Etats dont l'admission sera prononcée par les deux tiers des représentants de la Société, quelles que puissent être les arrière-pensées et même la volonté secrète d'obstruction et de destruction d'un ou plusieurs d'entre eux, sont entrés dans un engrenage dont ils ne pourront plus sortir. Il est certain qu'à un moment donné, à la faveur de circonstances trop faciles à prévoir et même à faire naître, des Gouvernements incapables ou de mauvaise foi, — ou l'un et l'autre, — dirigés par les influences occultes que l'on sait, chercheront à pêcher en eau trouble et, pour tout dire, car c'est là toute la question, — à recommencer la guerre. Mais c'est là précisément le sinistre danger que les peuples se mettent ouvertement d'accord et qu'ils sont prêts à se révolter pour repousser. Jadis cet accord n'était que latent, tacite, inorganisé. Aujourd'hui, par le simple jeu normal de leurs organisations internationales multipliées à l'infini, mais déclarées et concentrées, les peuples cessent d'être des troupeaux aveugles et sourds que de mauvais bergers pouvaient impunément pousser à l'abîme ; ils sont associés ; leur association a un siège ; ils seront donc en communications quotidiennes, ils s'entre-avertiront ; se renseigneront ; se préviendront ; ils auront, en cas de péril commun, leurs signaux d'alarmes, leurs postes de secours ; leur journal même, s'ils le veulent bien, leur journal enfin ! Quelle révolution dans les mœurs ! Un journal de la collectivité, pour la collectivité, pour la paix de tous ; un journal non subventionné, qui vivra de la paix comme tant d'autres ont vécu de la guerre ; un journal qui pourra se payer le luxe d'être honnête sans condamner sa rédaction à mourir de faim ! *Le Journal de la Société des Nations !* Il faut vraiment s'obstiner à croire les peuples incapables de tout progrès et même dépourvus du plus élémentaire instinct de conservation pour croire qu'une fois associés, ils se contenteront d'une insuffisance voulue de leur organisation collective, comme ils s'abandonnaient, dans l'ignorance et l'isolement, chacun à l'insuffisance de son administration nationale. C'est là vraiment que l'union sera leur sauvegarde, leur salut. Et cette union brisera les efforts individuels qui ne manqueront pas, nous le savons, de s'exercer, ouvertement ou sourdement, pour la détruire.

Les Gouvernements n'ont pu prévoir, pour le fonctionnement de la Société des Nations, que des organes à leur mesure, — aussi incertains que leur volonté d'aboutir. Mais ces organes, bon gré malgré, une fois créés, voudront vivre et vivront quand même. Voilà le miracle de la vie. Voilà le miracle que j'attends, avec plus de confiance et de certitude que les résultats des combinaisons du machiavélisme gouvernemental.

Pour m'en tenir au seul fait que nous sachions, c'est-à-dire à la création du secrétaire général permanent du Conseil de la Société, on a déjà fait connaître qu'il est désigné ; on a publié son nom. Ce secrétaire général a été naturellement choisi parmi les diplomates anglais, — parlant français ? je pense. — Il est possible qu'il soit impérialiste anglais ? mais il n'ira pas jusqu'à pouvoir impunément exercer l'ardeur de son patriotisme contre la Société elle-même ; il fera partie du Conseil. Il sera donc tenu à des ménagements ; et il est vraisemblable qu'il a été choisi en raison de ses aptitudes et même de son indépendance ; il ne peut être l'agent d'un cabinet ministériel, encore moins celui de pêcheurs en eau trouble. Il aura des collaborateurs français ou autres, déjà choisis dit-on, et très bien choisis. Là, d'ailleurs, comme partout, la fonction vaudra ce que vaudra l'homme. Sa nomination devra être ratifiée, puis renouvelée, plus tard, par le Conseil. Et tout cela ne se passera pas dans l'obscurité, le silence, l'indifférence et l'ignorance de l'opinion.

Grand progrès sur ce triste bureau que la faiblesse des Gouvernements, après la deuxième Conférence de La Haye, avait réduit à la plus inutile des sinécures, sans aucun rapport avec l'immensité du service à rendre !

Le programme qui manque à la Société des Nations. L'Association des Patries.

La Conférence de Paris aurait prévenu bien des déceptions si elle avait pris son parti de dire franchement ce qu'elle voulait faire et ce qu'elle ne pouvait pas faire ; si elle avait proclamé, elle aussi, ses buts de paix, le sens de l'initiative que le Monde attendait d'elle. Je ne lui reproche pas d'avoir gardé le secret de ses délibérations ; on ne me verra jamais confondre, pour complaire à quelques impatients et aux journaux, la nécessité absolue de discussions préparatoires discrètes et le crime des traités secrets. Ce sont les termes d'un accord qu'il faut faire connaître avant la ratification, quand il est temps de l'amender dans ses détails ou de le repousser dans l'ensemble ; jamais la négociation sérieuse d'un accord, par aucun Gouvernement digne de ce nom, ne se fera sur la place publique. Mais, l'accord une fois établi, il fallait le rédiger bravement dans une langue intelligible et non équivoque, sans crainte excessive de toutes les critiques, en faisant appel au contraire bien nettement au sentiment universel. Loin de s'adresser à ce sentiment, la Conférence n'a cherché qu'à satisfaire les sceptiques, alors qu'elle pouvait les réduire au silence par l'éclat de ses affirmations. C'est la défiance et la peur qui parlent dans le Pacte plus que la foi. Au lieu d'étouffer par avance les organes auxquels elle prétend confier l'administration du Monde, la Conférence pouvait, elle devait définir, dans le présent d'abord, leur rôle limité mais bienfaisant pour l'avenir. Elle devait ouvrir un large horizon à l'espérance humaine, nous rassurer quant aux retours des influences chauvines et financières et de la presse, et des fabricants de plaques blindées, et des fournisseurs de la guerre en faveur du recommencement de la guerre. Elle pouvait, elle devait, dans le domaine de l'organisation de la paix oser ce qu'elle a osé, heureusement, nous le verrons plus loin, dans celui du travail et de la liberté et de la protection des faibles (art. 23). Elle pouvait, elle devait comprendre ce que le Monde attendait et non ce que les sceptiques ou les impérialistes craignaient d'elle ; elle n'a pas compris, ou elle n'a pas osé comprendre. C'est donc aux peuples qu'il appartiendra désormais de faire du Conseil l'organe central et non le tombeau de la Société des Nations. C'est aux peuples qu'il appartiendra de rédiger le programme que les Gouvernements n'ont pas osé leur soumettre.

Attendu comme le Messie, après cette guerre, investi par toute la douleur et toute l'espérance humaine d'un grand service de salut public, central, universel, le Conseil de la Société des Nations naît déshérité par la jalousie des Gouvernements, sans attributions, sans garanties de recrutement. Et les Gouvernements ne lui donnent même pas un viatique, quelques paroles au moins lui ouvrant la route de l'avenir, une orientation. Qu'il se tire d'affaire tout seul ! Et s'il échoue, ce sera sa faute, ce sera l'échec de l'idée, du rêve, de la chimère qui s'est obstinée à le faire naître et non pas la faute des Gouvernements qui ont voulu qu'il fût mort-né. Ce sera sa faute, si le Pacte, répudiant bassement l'œuvre de La Haye, n'a pas même cherché à la remplacer ; si les surenchères d'armements reprennent leur course monstrueuse ; si les fabricants de plaques blindées et leurs journaux alarmistes prétendent l'influencer et le diriger. Il faudra donc que l'opinion s'empare de ce berceau abandonné et menacé, comme celui de Moïse, et qu'elle se charge elle-même, elle seule, de le pousser au rivage.

Le naufrage de la Société des Nations, survenant après le naufrage des institutions de La Haye, la haine internationale s'imposera de nouveau sans résistance, la guerre n'aura plus qu'à préparer, comme par le passé, et à perfectionner ses destructions.

Si les Gouvernements avaient voulu vraiment faire œuvre de concorde et de salut, ils devaient tout au moins indiquer eux-mêmes ce que l'humanité pouvait raisonnablement attendre de leur Conseil ; mais ils n'ont pas voulu précisément que ce Conseil appartînt à l'humanité ; ils ont voulu qu'il fût la chose de chacun d'entre eux ou rien. Ce mot « l'humanité » reste pour eux suspect ou ridicule, inconciliable avec celui de Gouvernement. Cette guerre ne les a pas éclairés ; elle ne leur a pas fait apercevoir qu'une ère nouvelle, *l'ère de l'association*, s'est ouverte pour tous les êtres vivants, et qu'il leur faut désormais suivre le mouvement, fonder l'association des patries ou disparaître.

Cette association des patries, le Conseil aurait dû en être l'organe essentiel, le bureau commun ; et, dès lors, le Pacte devait nous présenter, sommairement mais nettement, le tableau de tous les futurs services de ce bureau. Les Gouvernements n'ont pas osé aller si loin ; mais ils ont glissé sur la pente. L'article 24 du Pacte prévoit que tous les bureaux internationaux antérieurement existants seront, sous réserve de l'assentiment des parties, placés sous l'autorité de la Société ; c'est déjà beaucoup ; mais pourquoi cet article 24 n'est-il pas aussi explicite et aussi complet que l'article précédent, lequel constitue, lui, un progrès si considérable ? L'article 23, en effet, prévoit un effort et une organisation commune en vue d'assurer et de maintenir des conditions de travail équitables et humaines pour l'homme, la femme et l'enfant... Et cette indication est si précieuse qu'elle a déjà suffi pour que l'organisation générale se crée ; elle va s'imposer sûrement et très prochainement au Conseil. C'est le commencement de l'administration internationale ; mais ce n'est qu'un commencement. Dans toute Société, le travail est paralysé, s'il ne peut compter sur une organisation de la production. Pourquoi les Gouvernements ont-ils reculé devant l'entreprise de salut public par excellence, celle qui consistait à éclairer le chaos, à mettre non pas en commun mais en harmonie et non plus en conflit les grandes ressources économiques et financières de tous les pays de la terre, à décongestionner, pour les mettre en circulation, ces forces fécondes, d'avenir jusqu'alors rivales ? Etait-ce là une abdication de souveraineté, ou de propriété, ou de liberté ? Non ; c'était la mise en valeur pacifique de toutes les activités et de toutes les ressources du globe. Protéger le travail ? Et le capital ? Comment y réussir dans le désordre de la production, de l'anarchie des entreprises locales et nationales, dans l'exploration encore si imparfaite de la terre, dans l'incertitude des échanges, l'insuffisance des communications ?

Il fallait déclarer la paix, — tout d'abord, — comme l'a prophétisé notre Michelet ; il fallait ensuite condamner la guerre, les causes de la guerre et non ses résultats seulement ; et cela fait, il fallait appeler tous les peuples au travail commun d'intérêt général, pour le bien de chacun et de tous, sans distinction de classes, pour le profit de chaque pays et de tous les pays, puissants ou faibles ; ouvrir enfin, en peu de mots mais expressément, l'ère de la coopération de toutes les activités humaines au service de l'intérêt universel ; mettre en train ces activités, toutes dans le sens d'un même progrès, le progrès général inséparable de l'intérêt de chacun. Ce travail en commun, cette coopération qui est dans l'ordre et aussi normale que la coopération de toutes les forces nationales d'un même pays, ce travail en commun c'était l'indépendance de chacun assurée par la discipline et l'intérêt bien compris de tous : c'était non l'unification mais l'achèvement de tous les progrès les plus divers ; c'était une entreprise collective d'assainissement, de circulation et d'éducation se substituant aux antagonismes meurtriers du passé. C'était la vie économique internationale, paralysée avant la guerre par les exigences ou par les routines de chacun, s'orientant vers la diminution du prix des choses les plus nécessaires à l'existence de tous, vers la liberté ou la facilité des échanges, vers le progrès des communications, la suppression des barrières de douane et d'octroi ; c'était la simplification des mesures qui séparent les peuples les uns des autres, alors qu'elles devraient les unir, à commencer par la monnaie ; c'était l'organisation du crédit, de l'impôt et finalement d'un ministère, d'un parlement, d'une administration générale, — comme a été, en germe, l'union postale, — d'une fédération enfin des libres Etats-Unis du Monde. Toutes ces aspirations consacrées par la foudroyante rapidité des expériences de notre temps et résumées au besoin en quelques lignes d'un seul article du Pacte, devaient constituer le programme d'une Société cessant d'être idéale pour entrer dans la pratique. Et c'est ce programme dont chacun attendait non pas la réalisation immédiate, mais tout au moins l'affirmation. Les Gouvernements se seraient honorés ; ils ont craint de se compromettre par cette affirmation ; ils ont eu peur de faire trop grand ; ils ont préféré substituer au grand dessein qu'on attendait d'eux un petit cadre rempli de vide. Heureusement le vide se comblera et le cadre s'élargira au fur et à mesure des besoins qui vont apparaître plus pressants de tous les côtés. C'est à qui voudra, désormais, appuyer sa faible initiative sur des initiatives semblables d'autrui ; et toutes ces constructions, spontanément rapprochées et encouragées, finiront par former la cité future, la capitale de la Société des Nations. Cet avenir, il y a peu d'années, semblait nuageux ; la guerre nous le découvre aujourd'hui tout proche ; la Société des Nations ne sera rien qu'une dérision et la préface machiavélique de guerres nouvelles d'extermination, ou elle sera, à bref délai, le refuge de tous les peuples las des inutiles tueries et des destructions sacrilèges, impatients de fonder enfin, non plus le désordre, mais l'ordre nouveau, l'ordre que des fous ou des criminels n'auront plus le pouvoir de bouleverser contre l'association universelle des bonnes volontés.

Notons en terminant, et sans commentaires, à la fin de ce chapitre des organes de la Société des Nations, ce fait que la première réunion de l'Assemblée et celle du Conseil[1] auront lieu sur la convocation du Président des Etats-Unis d'Amérique (art. 5). Le siège de la Société, nous l'avons vu, est fixé, jusqu'à nouvel ordre, à Genève. Les fonctions de la Société, y compris le secrétariat général, sont accessibles aux femmes ; innovation presque révolutionnaire en France et d'une portée incalculable ; elle autorise, elle invite les femmes à concourir à l'effort des hommes sur toute la terre pour contribuer à l'organisation universelle. Elle substitue à l'interdiction d'hier, l'émulation de demain.

La limitation des armements

et les précautions illusoires contre une nouvelle agression menaçant la France, « Frontière de la Liberté ».

La résistance du Président Wilson, de Lloyd George et de Lord Robert Cecil. — L'objection de la Constitution américaine.

Ici la grande déception. Le Pacte est muet sur la question du désarmement. — Cette guerre cependant n'avait qu'un sens ; elle était la révolte des peuples contre les armements, contre l'oppression du militarisme. Elle a

1. Le Conseil s'est déjà réuni trois fois ; deux fois à Paris, une fois à Londres. Sa quatrième réunion aura lieu prochainement à Rome. M. Léon Bourgeois y représente la France. Les Etats-Unis seuls n'y sont pas encore représentés (2 avril 1920). Ils y viendront. N'en doutons pas.

prouvé le mensonge et l'ineptie de la doctrine militariste. Les fabricants de plaques blindées avaient imposé la sinistre erreur de leur enseignement devenu quasi officiel, avant la guerre ; ils nous disaient : « Les armements de la paix armée sont une assurance ; vous ne les paierez jamais trop cher, puisqu'ils vous garantissent contre la guerre. » Et maintenant que la mystification s'est découverte, et à quel prix ! on ne nous parle même pas de supprimer les armements ; on ne se prépare pas à substituer aux armées rivales de tous les pays membres de la Société des Nations une force générale et collective de police. Loin de là, on brise ou on croit briser le militarisme allemand en réduisant l'armée allemande à 100.000 hommes ; avec des cadres suffisants pour mobiliser 4 millions de soldats ; mais, pour assurer cette réduction, on oblige la France à rester armée comme auparavant, ou peu s'en faut, puisqu'elle devra monter la garde en Allemagne ; et, avec elle, ses grands Alliés conserveront leurs forces navales et militaires à leur gré, dans les proportions qui leur conviendront...

La Conférence avait à opter entre le maintien des armées permanentes et la création toute nouvelle d'une force collective de la Société des Nations. Elle n'a choisi ni l'un ni l'autre ; elle ne maintient ni ne supprime les armées permanentes ; elle présente la réduction des armements nationaux comme la condition de la paix ; elle reconnaît (art. 8) « ce principe que le maintien de la Paix nécessite la réduction des armements nationaux au minimum compatible avec l'exécution... » du Pacte ; mais la Conférence s'en est tenue à ces déclarations et, sous réserve de l'examen ultérieur des divers Gouvernements intéressés, elle s'est déchargée sur le Conseil du soin de préparer plus tard les plans de réduction nécessaires. Autre subterfuge assez misérable : la Conférence ne s'est pas bornée à refuser au Conseil des attributions définies ; elle lui a joué le bon tour de lui laisser à régler toutes les difficultés qu'elle aura jugées insolubles ! Je renonce même à dresser une liste approximative de ces difficultés. Le Conseil avisera, en outre, aux mesures à prendre concernant les dangereux effets de la fabrication privée des munitions et du matériel de guerre. Une commission permanente sera formée pour donner au Conseil son avis sur les questions militaires et navales (art. 9).

Que signifient ces vagues recommandations adressées à un Conseil dont on vient de voir qu'il est pratiquement sans pouvoirs? Cela est-il vraiment sérieux?

L'article 10 du Pacte contient, semble-t-il, une obligation plus positive. La Société « s'engage à préserver contre toute agression extérieure l'intégrité territoriale et l'indépendance politique de tous ses membres ». Fort bien; mais que représente cet engagement? La Société va-t-elle s'organiser pour le tenir comme le demandait instamment Léon Bourgeois? Non. Deux des Alliés, les Etats-Unis et la Grande-Bretagne, avec la France, y suffiront. Et pourquoi pas l'Italie? Et pourquoi pas nos autres Alliés? Si deux de nos Alliés s'engagent, avec nous, à repousser une agression nouvelle de l'Allemagne, c'est donc qu'ils se réservent d'entretenir, avec nous, des armées nationales, navales, aériennes et militaires, à cet effet. C'est donc qu'ils comptent sur le maintien plus que sur la réduction des armements. Et cela est si vrai que le Gouvernement britannique vient de soumettre au Parlement, pour les seules dépenses de l'aéronautique, un budget de dépenses dépassant le plus élevé de ses budgets des dépenses navales, d'il y a dix ans, 1 milliard 500 millions de francs!!! Car nul ne sait ce que pourra devenir, en Allemagne, l'aviation soi-disant civile, et quelles forces les aviations alliées devront lui opposer. La France, sous peine de manquer à ses engagements et de compromettre sa sécurité, devra suivre le mouvement, c'est-à-dire reprendre la course aux armements. On assure que, d'autre part, les Etats-Unis ne songent pas à abandonner leurs constructions de super-dreadnoughts, encore que les super-dreadnoughts aient fait la preuve aveuglante de leur complète et ruineuse inutilité, par rapport aux unités rapides et légères et aux sous-marins. Pour satisfaire aux exigences locales que l'on connaît, chaque port des Etats-Unis aura-t-il ses chantiers de construction et chaque Etat son super-dreadnought, soit cinquante super-dreadnoughts électoraux? Et que feront ces super-dreadnoughts? Je l'ai indiqué dans mon livre sur « Les États-Unis d'Amérique »; le danger sera décuplé. Et ici pas d'erreur, pas de doute possible; il est question, dans le texte même du traité de paix (cinquième partie : « clauses navales ») non pas de porter atteinte au fétichisme des dreadnoughts, mais au contraire d'assurer leur existence, leurs mouvements, leur libre entrée, par exemple, dans la Baltique. La rédaction de la clause spéciale au passage du canal de Kiel serait comique si elle n'était pas inquiétante; le *Temps* du 9 mai, la résume ainsi : *Dispositions particulières : Canal de Kiel :* « Le Canal de Kiel sera toujours ouvert *aux navires de guerre* de toutes les nations en paix avec l'Allemagne! » Bien plus, on n'aurait confisqué à l'Allemagne une partie de ses cuirassés, que pour en faire cadeau à la France, ou à ses alliés; cadeau dérisoire, chaque cuirassé allemand exigeant, au dire de nos amiraux les plus qualifiés, des dépenses énormes d'entretien, notamment pour leur artillerie spéciale, leurs projectiles spéciaux, leurs poudres spéciales, sans parler des États-Majors pour les commander. Bien avisés furent les Anglais qui proposaient de couler ces mastodontes encombrants et démodés. Les Allemands s'en sont chargés.

La France a trop souffert de la guerre pour courir aveuglément à de nouvelles aventures, à des charges financières et militaires qui seront pour elle plus écrasantes que pour tout autre grand pays, puisqu'elle sera la moins peuplée; elle avait donc le droit et le devoir de réclamer pour elle et pour tout le monde des garanties sérieuses de sécurité. Un Américain m'écrivait ces jours-ci : « La sécurité de la France est la clef de voûte d'une paix durable. » Et, de son côté, j'ai entendu le Président Wilson déclarer devant le Parlement français que « la frontière de la France était celle de la liberté du Monde ». Il importait donc que le Monde fût organisé pour assurer la sauvegarde de sa liberté. C'est ce qui n'a pas été fait. On prétend que le Président Wilson et Lloyd George et Lord Robert Cecil ont été d'accord pour craindre que cette organisation ne devînt un prolongement perpétuel de l'état de guerre, une consolidation de l'unité actuelle du commandement militaire; ils se seraient dit : si le commandement militaire reste confié à l'Etat-Major français, et si cet Etat-Major se trouve un jour d'accord, — cela s'est vu — avec un gouvernement français nationaliste, la Société des Nations sera, non plus une protection, mais un danger pour la paix. Ils n'ont pas voulu croire au danger allemand qui menacerait la France et le monde, et c'est plutôt la France qui aurait été pour eux le danger ! Lamentable malentendu ! Châtiment trop sévère des épreuves de notre passé; germes d'épreuves plus graves encore dans l'avenir. Nous en revenons à ce que nous avons tenu à exposer dès le début de cette étude : les défiances qui ont coupé en deux camps opposés la Conférence de Paris et isolé la France. Et s'il en est ainsi, quelles seront les conséquences de cette coupure? En tout cas, la Conférence s'est trompée si elle a cru qu'un traité d'alliance militaire anglo-franco-américain suppléerait à l'inorganisation d'une force de police de la Société des Nations. La guerre nous a appris ce que pouvait être la surprise foudroyante d'un voisin de mauvaise foi ; et nous sommes obligés d'admettre qu'il se trouvera longtemps encore, sinon toujours, dans le monde, des voisins de mauvaise foi. Leur abandonnerons-nous l'empire du Monde? Car ces voisins auront désormais à leur service des moyens d'agression autrement puissants que ceux qui ont détruit irréparablement une part de la Belgique et de la France. La Conférence devait donc prévoir, non pas une alliance armée de trois gouvernements, alliance qui suscitera nécessairement, un jour ou l'autre, la réplique d'autres alliances, mais une organisation de police de toute la Société des Nations. Cette organisation seule pouvait acheminer, à la longue, au désarmement; elle était la transition plus ou moins lente, mais nécessaire ; seule cette organisation pouvait être une protection et non un danger.

L'inefficacité de l'organisation visée par la Conférence expose la France à vivre dans une continuelle et croissante insécurité, puisque sa population diminue. Les articles 10 et 11 du Pacte se bornent, en effet, à prévoir, pour ne porter ombrage à la souveraineté militaire d'aucune Grande Puissance, que, « en cas d'agression ou de menace, le Conseil se contentera d'aviser ». Aviser à quoi ? S'il n'a pas prévu par avance, — ce que déjà refuse le Sénat des Etats-Unis, — un plan général suffisamment pratique, positif, pour impressionner et pour arrêter l'agresseur, et si, ce plan une fois arrêté, les Grandes Puissances refusent de contrôler entre elles, d'un commun accord, pour le bien de tous, son exécution.

Ni prévision sérieuse d'une organisation de police de la Société des Nations, ni prévision du contrôle de cette organisation, telles sont les solutions négatives auxquelles la Conférence, ou plutôt le petit Comité de trois ou plutôt de deux Grandes Puissances vient d'aboutir.

Il résulte de cet avortement, s'il doit être définitif, que chacun, dans la Société des Nations, devra se protéger lui-même ou s'entendre avec le plus fort, comme par le passé ; c'est donc le maintien du militarisme et du régime des armements.

Cette grande déception n'est pas la faute de la France puisqu'elle en sera la première victime. Elle est due à deux causes principales.

D'abord à notre isolement signalé plus haut. Le Président Wilson, débarquant en France, venant rendre à La Fayette sa visite, devait être accueilli fraternellement et intelligemment, en libérateur, en collaborateur de la veille et du lendemain ; il eût fallu que le Gouvernement français le retînt à nous par tous les moyens, lui fît partager nos deuils en organisant cordialement son pèlerinage à nos régions dévastées, en l'associant aussi à nos joies et à nos espérances, en le faisant acclamer enfin par toute la France, par l'Alsace-Lorraine. Nous avons vu comment et par quel mot d'ordre glacial, dès son arrivée sur notre sol, notre Gouvernement et son protocole l'ont rejeté du côté de l'Angleterre. Sa réception enthousiaste à Londres a été le correctif de celle du Gouvernement français à Brest et à Paris ; le Président Wilson rencontrant le roi, la reine et Lloyd George, a trouvé à qui parler, en une même langue, d'un même esprit ; elle a été le point de départ de l'accord anglo-américain à la

Conférence. Dès lors, le Président Wilson a plus ou moins sacrifié au Gouvernement anglais la Société des Nations et la question des armements et celle des colonies et celle de la liberté des mers, tandis qu'une influence pacifique de la France eût modéré sinon empêché complètement ce sacrifice, dans l'intérêt des Etats-Unis et de l'Angleterre elle-même; de l'Angleterre surtout, qui n'aurait pas dû sortir triomphante de cette Conférence. A quoi bon, disent ses adversaires, — et plus encore ses amis, — à quoi bon abattre le militarisme allemand, pour faire triompher l'impérialisme britannique ? A quoi bon étendre indéfiniment l'immensité de l'Empire britannique et en laisser la porte sans défense ?

L'excuse du président Wilson n'est pas dans les seules erreurs du Gouvernement français ; elle est, nous dit-on, dans la Constitution américaine. En supposant que le Président Wilson et l'Angleterre aient consenti à armer la Société des Nations contre toute surprise d'une agression, la Constitution des Etats-Unis ne permettait pas cette concession. Nous verrons invoquer aussi, dans le même sens, la doctrine de Monroë. S'il en est ainsi, le Gouvernement américain doit donc renoncer à tout accord universel pour assurer la paix au monde ; il doit s'en tenir à de platoniques déclarations. Sa défiance certes est naturelle et légitime ; elle ne doit pas cependant le paralyser. — Nous ne demandons, en France, qu'à respecter, nous aussi, les constitutions et les doctrines et les principes destinés à assurer la paix ; mais cette guerre qui vient de désoler le monde n'était pas prévue par Washington et par Monroë ; il a fallu, pour y mettre fin, l'intervention des Etats-Unis dans les affaires d'Europe ; et, pour qu'elle ne recommence pas, il faut prévoir encore, comme une garantie de paix plus nécessaire que jamais, la menace d'une intervention renouvelée. Cette intervention a été le moyen de finir la guerre ; elle doit rester le moyen d'empêcher la guerre. Que toutes les précautions soient prises pour ne pas se servir d'un pareil moyen à la légère, soit ; mais qu'on ne donne pas l'impression qu'il sera impossible de s'en servir. Or, quel encouragement à la surprise d'une agression armée contre la paix, si l'agresseur a la certitude que les Etats-Unis ont les mains liées par leur Constitution ! Et par quelle Constitution ? Non pas une seule constitution, mais les 49 constitutions diverses et indépendantes des 49 Etats formant la fédération des Etats-Unis. Il ne faut pas que le respect de ces 49 constitutions puisse assurer une impunité de fait à l'Etat qui voudrait déchaîner la guerre.

On m'objecte encore que ces 49 constitutions n'ont pas empêché les Etats-Unis, une fois édifiés sur les dangers d'une victoire du militarisme allemand, de mettre leurs hommes et leurs ressources au service des armées alliées et de contribuer, comme on sait, à leur victoire ; c'est ce que nous n'oublions pas ; mais c'est ce que les Etats-Unis non plus ne doivent pas oublier. Il ne faut plus qu'une guerre ait de nouveau devant elle deux ans d'impunité pour ravager le monde ; il faut prévenir et non réparer ces désastres ; et c'est pour assurer cette prévention qu'une Société des Nations est créée. Si la Société des Nations manque à ce devoir essentiel et primordial, elle est sans objet. A quoi bon promettre à la France qu'elle sera secourue, en cas d'une nouvelle attaque de l'Allemagne, si, en même temps, on donne à ses adversaires de demain la certitude qu'elle ne sera pas secourue A TEMPS ?

La Constitution d'une Société des Nations ne contredit pas, elle fortifie les Constitutions américaines et la doctrine de Monroë en achevant d'affranchir les Etats-Unis, comme le reste du monde, des risques mortels que leurs fondateurs ont voulu leur épargner. La Société des Nations est née de l'insuffisance inévitable des précautions prises, il y a cent ans, dans le Nouveau-Monde, contre les dangers désormais universels de la guerre ; elle n'impose donc pas un sacrifice, elle apporte un secours aux Etats-Unis. Elle est le complément des constitutions américaines et de toutes les constitutions du monde ; elle est la consécration définitive du progrès.

C'est là ce qu'il fallait expliquer, ce qu'il faudra demain expliquer aux Etats-Unis pour qu'ils soient les premiers à réclamer une Société des Nations vraiment vivante et invulnérable. Les Etats-Unis ont prouvé leur volonté de fonder une paix durable : 1° en venant au secours des Alliés pour triompher de l'agression allemande ; 2° en proposant, par la voix de leur Président, et en faisant voter, en principe, la création d'une Société des Nations. Ils voudront faire de cette œuvre une réalité ; et c'est pourquoi je contribue à leur effort en leur en signalant les points faibles.

Je n'apporte dans ces indications, comme on peut le croire et comme toute ma vie le démontre, aucun parti pris de récrimination ; nul n'apprécie mieux que moi les difficultés presque inextricables que la Conférence a dû surmonter ou tourner ; je hais la critique stérile ; je ne viens pas me joindre aux détracteurs du Président Wilson. Si imparfaite, inévitablement, que soit l'innovation qu'il a proposée, elle n'en a pas moins l'immense mérite d'être l'innovation que le monde appelait ; et le fait seul que cette innovation n'ait pas été repoussée est un progrès qui nous conduira forcément à d'autres progrès. Le Pacte de la Société des Nations, par les déceptions et les critiques mêmes qu'il a déchaînées, appelle, exige des amendements pratiques qu'on ne pourra pas ajourner. A une condition toutefois, c'est que la critique soit permise et qu'on en tienne compte, quand elle est de bonne foi.

L'arbitrage mal défini, sans conciliation, et la répudiation de l'œuvre de La Haye.

1° Ni Arbitrage ni Conciliation.

Après la dérision d'un Conseil faible et d'un simulacre de désarmement, l'arbitrage n'est même pas déclaré obligatoire. Le Pacte recommande on ne sait quelle procédure d'arbitrage, mais il prévoit, en même temps, que la guerre peut être déclarée trois mois après la sentence rendue par les arbitres ou après le rapport du Conseil (article 12). La rédaction du Pacte, dans cette partie essentielle (articles 11 à 16 inclus), est beaucoup plus superficielle que celle des deux conventions de La Haye, pour le règlement pacifique des conflits internationaux. Il est humiliant, pour la Conférence actuelle, de mesurer le progrès à rebours de son texte, par rapport aux actes de La Haye. La rédaction de ces actes était sérieuse, approfondie ; volontairement modestes, ils promettaient moins de résultats qu'ils n'en ont donnés ; mais on ne peut oublier aujourd'hui qu'ils nous ont évité trois fois la guerre, en moins de dix ans, et que nous leur avons dû le règlement amiable des graves conflits de Dogger Bank, de Casablanca, du *Carthage* et du *Manouba*. Les Gouvernements représentés à la Conférence de Paris ne semblent même pas les avoir lus ; ils n'ont pas voulu se solidariser avec leurs signataires, parce que ces actes avaient toujours été mal vus de la presse ; ils ont eu peur, sans doute, de diminuer leur crédit aux yeux de cette presse ignorante et de parti pris.

La *Conciliation*, qui devrait être le premier pas de toute procédure amiable ou juridique, et qui tient, malheureusement, si peu de place, — et pour cause, — dans l'organisation de la procédure judiciaire en France, n'est pas mieux traitée que l'arbitrage dans cette vague ébauche d'une organisation internationale. On pouvait s'attendre à la voir inscrite dans le Pacte et recommandée comme la plus discrète et la plus bienfaisante, comme aussi la plus simple de toutes les solutions pacifiques. Il n'en est pas même fait mention ; non plus que de la Cour d'arbitrage, dont les deux conventions de La Haye avaient institué, puis perfectionné la procédure et les cadres, si ingénieux et si souples. L'édifice que ces deux conventions avaient laborieusement élevé, malgré l'opposition de plusieurs Gouvernements, la grande ressource éprouvée que nous avions sous la main et que nous avons besoin plus que jamais d'avoir sous la main n'existent plus, par la persistance de la mauvaise volonté muette des Gouvernements. La préparation, infiniment ardue, il est vrai, d'un projet de Cour Permanente d'arbitrage, a été laissée, pour nous faire prendre patience, à l'étude du Conseil, qui soumettra ce projet aux membres de la Société des Nations (article 14). C'est beaucoup moins que ce qu'avaient fait les deux Conférences de La Haye, après des efforts plus dévoués. Je vois bien ce que nous perdons et non pas ce que nous gagnons.

Le Conseil est cependant appelé à régler les différends qui, n'étant pas d'ordre juridique, ne seraient pas soumis à l'arbitrage, c'est-à-dire les différends politiques. C'est là un pouvoir énorme donné tout à coup au Conseil et qui devait, au moins, être défini ; sinon ce pouvoir inattendu devient une menace, puisque nous ne savons pas comment le Conseil se recrutera ; nous avons vu seulement que, sur neuf membres, sa majorité se composera des représentants des cinq Grandes Puissances militaires. Il semble ainsi que la Conférence ait entendu donner au Conseil un pouvoir politique à la discrétion des seules Grandes Puissances militaires ; mais s'il en est vraiment ainsi, on a raison de dire que la soi-disant nouvelle Société des Nations ne sera qu'une classique coalition de plus après tant d'autres, une quadruple entente des Alliés les plus forts contre tout le reste du monde.

Nous lisons aussi, dans l'article 15 du Pacte, que l'assemblée remplira les fonctions de Cour d'Appel, tout en pouvant être saisie directement (article 15). Mais, là encore, ce qu'on nous promet n'est qu'un semblant de mécanisme plutôt qu'un organe vivant de conciliation, puisque l'Assemblée, comme le Conseil, ne pourra prendre de décision qu'à l'unanimité. Comment jamais compter sur cette unanimité ? Et comment voir, dans une telle perspective, une sérieuse ressource de pacification ? N'est-il pas évident que tout Etat assuré d'une complicité toujours possible à escompter pourra se moquer du Conseil et de l'Assemblée ?

En fait, les articles 11 à 16 du Pacte, n'instituent pas la conciliation ; ils sont muets sur les commissions d'enquêtes qui, créées par les conventions de La Haye, étaient si utilement entrées dans la pratique ; ils n'instituent ni ne recommandent même aucun tribunal arbitral ; s'il survient un conflit aigu, les parties n'auront qu'à prendre leur temps pour constituer, à leur guise, leurs arbitres, et arrêter leur procédure comme avant La Haye ; tant pis si la guerre éclate dans l'intervalle. Il est vrai que les dits articles ont créé un Conseil gouvernemental, mais ils en laissent dans le vague et les attributions et les conditions essentielles de recrutement ; ils n'indiquent même pas par un mot, ne fût-ce que de simple convenance, et en attendant, si les institutions existantes de La Haye sont maintenues ou supprimées ; ils détruisent sans reconstruire, pour avoir l'air de faire du nouveau.

2° L'œuvre de La Haye répudiée.

J'y insiste ; et ceci, loin d'être une digression, est une critique fondamentale ; en fait, l'oubli volontaire, officiel, des conventions de La Haye est un retour à l'état d'ignorance et de réaction que ces conventions, grâce, pour une grande part, à la France, mais aussi aux Etats-Unis, tendaient à faire cesser. La France à La Haye s'était donnée passionnément à l'éducation pacifique des autres peuples ; c'est à La Haye qu'elle a noué ses alliances avec les démocraties du Nouveau-Monde et avec l'Italie ; c'est à La Haye que s'est formé le bloc de l'arbitrage devenu le bloc de la victoire contre le militarisme allemand. Et même parmi les Allemands et les Autrichiens, la France s'était fait comprendre de quelques hommes de bonne foi ; elle avait pour elle le Professeur Zorn, exilé ou en quarantaine dans sa propre délégation, et le professeur Lammasch, dont on sait le noble courage. Le Gouvernement italien, dès 1899, a pris délibérément le parti de l'arbitrage contre la Triple Alliance. Il faut tout ignorer d'un passé qui ne date pourtant que de peu d'années, pour n'en avoir tenu aucun compte. Le Gouvernement des Etats-Unis surtout est inexcusable. Je n'oublierai jamais ce que furent nos collaborateurs américains aux deux Conférences, à la seconde surtout. Représentants de 21 peuples, 21 Républiques, ils ont, pour la première fois, avec nous et toutes les Puissances libérales du Globe, formé l'embryon d'une fédération des démocraties contre la domination de l'autocratie allemande. N'était-ce donc rien ? En 1899, les Etats-Unis étaient représentés à la première Conférence par des hommes de la plus haute autorité morale, politique, intellectuelle qui s'appelaient Andrew D. White et Seth Low, sans compter F. Holls. En 1907, l'œuvre commencée avait été si bien comprise aux Etats-Unis et avec tant de désintéressement, que, loin de vouloir l'accaparer, le Gouvernement du Président Roosevelt, comme celui de M. Taft, après lui, rivalisèrent d'ardeur à la fortifier, en plein accord avec leurs adversaires du parti démocrate. La seconde Conférence de La Haye était abandonnée d'avance, par le Tzar, — après la folle guerre russo-japonaise et la révolution qui la suivit, — presque autant que le fut plus tard la troisième, sous les attaques de la réaction ; ce fut le Gouvernement des Etats-Unis qui en imposa la convocation et contribua à déterminer l'irrésistible courant contre lequel le militarisme allemand a fini par se briser. Un tel passé méritait d'être glorifié ; on l'a enseveli, par ignorance ou par injustice, ou par crainte des ricanements des sceptiques qu'il eût fallu, au contraire, forcer à le saluer, pour le continuer. Comment qualifier cette ignorance ou ce dédain, ou ces jalousies rétrospectives ou cette peur de se compromettre, à l'égard de grands précurseurs dont le souvenir eût été une force toute-puissante et si on avait seulement osé l'invoquer ! Que diraient ces grands précurseurs en lisant ce Pacte vide de leur collaboration? Que dirait le baron de Staal qui présida la première Conférence avec tant de cœur et de prophétique clairvoyance? Que diraient les Pauncefote, les Edward Fry, les Martens, les Louis Renault, les Nigra, — ces hommes d'Etat qui s'étaient mués en hommes de bien, — devant l'abdication muette de leur œuvre ? Il y a dans cette répudiation du silence tout autre chose qu'une simple question de sentiment, une grande faiblesse et un fait grave, très grave. La Société des Nations, déjà chancelante, ne pourra vivre que si elle est attachée par des racines solides au passé. Et voilà que ces racines on prétendrait les lui couper ! Sans racines, sans passé, la Société des Nations sera sans avenir ; — elle ne vivra que dans la mesure où les peuples qui l'amenderont la rattacheront à ses origines, toutes ses origines, depuis les Conférences de La Haye jusqu'à la Révolution Française et à l'Indépendance américaine.

***

La vèritable innovation :

Un ensemble sérieux de sanctions.

J'arrive à ce qui est vraiment nouveau et excellent dans le Pacte, aux paragraphes 1 et 3 de l'article 16. Si un des membres de la Société recourt à la guerre, contrairement à ses engagements, il est considéré comme ayant commis un acte d'agression, « de guerre », contre tous les autres membres de la Société ; ici le nouveau Pacte édicte des mesures collectives qui, si les membres de la Société restent unis, ne peuvent manquer d'être efficaces. Ces mesures auraient suffi, j'en suis convaincu, si elles avaient été prévues avant le 1er août 1914, pour empêcher l'Allemagne de déchaîner la guerre et pour l'obliger, tout au moins, à y réfléchir à deux fois. Alors, en effet, s'exerceront contre l'agresseur les sanctions collectives, diplomatiques, juridiques, commerciales, financières, personnelles et morales qui viennent de prouver à l'avance, pendant la guerre, la réalité chaque jour croissante et plus pratique de leur efficacité. L'organisation savante du blocus, tel qu'il pourra être exercé par la Société des Nations, constitue désormais un mécanisme de précaution tout à fait impressionnant, en même temps qu'une arme très redoutable. C'est, — un peu moins nettement mais fidèlement, — l'organisation qu'avait prévue, l'an dernier, notre compatriote, le Professeur André Weiss, et dont nous espérons bien voir le texte cesser d'être confidentiel.

Le Pacte élude, ou ajourne, on l'a vu, la sanction suprême, la sanction militaire. Il n'en prévoit ni l'organisation ni le fonctionnement ; il laisse au Conseil, et dans les termes les plus vagues, pour les raisons indiquées plus haut, le soin de pourvoir à cette formidable lacune (article 16). Il oblige par conséquent, chaque Etat ou groupe d'Etats à s'armer contre toute surprise. C'est exactement le contraire du but poursuivi par la Société des Nations. Ce n'est pas la loi commune, la loi internationale ; c'est la loi du plus fort qui triomphe encore. Passons. — J'en ai dit assez sur ce point particulièrement sensible à la France. Tout cela n'est manifestement que provisoire, comme tout ce qui est équivoque et superficiel. — Tenons-nous à ce qu'il y a de solide dans le Pacte. Un ensemble de sanctions pratiques, ayant fait leur preuve, menacera désormais, — si la Société des Nations reste unie, ne l'oublions pas —, les perturbateurs de la paix.

Les traités secrets ne sont pas condamnés

Leur nom même n'est pas prononcé.
Cependant ils ne sont pas approuvés.

Mais la Paix, nous le l'avons que trop appris à nos dépens, n'est pas menacée seulement par des agressions ; elle est compromise de longue main par des intrigues, personnelles ou diplomatiques, par des actes imperceptibles qui la minent peu à peu, souterrainement, et provoquent tout à coup, sans qu'on s'y attende, son écroulement. Parmi ces actes, nous connaissons, non les négociations qu'on affecte de confondre avec les accords conclus, et dont j'ai dit plus haut ce que je pense, mais les traités secrets dont on espérait voir la Conférence dresser enfin la liste noire et prononcer la condamnation. Là encore la déception est vive. Là encore le vague, les ménagements, sinon l'équivoque. Les traités secrets, dénoncés comme le plus grand mal, en tête des quatorze propositions du Président Wilson, ne sont pas expressément interdits ; ils n'ont pas été perdus de vue, mais on s'est volontairement abstenu d'en parler pour ménager les susceptibilités souveraines des Gouvernements représentés à la Conférence. Il a été simplement décidé qu'à l'avenir tout traité devra être enregistré immédiatement par le secrétariat de la société et publié aussitôt que possible. Un traité non enregistré ne sera pas obligatoire (article 18).

Les traités passés pourront être revisés (article 19). On n'exige pas qu'ils soient ouvertement répudiés et annulés, mais toute obligation ou entente particulière incompatible avec le Pacte de la Société des Nations est abrogée, et les membres de la Société s'engagent à n'en pas contracter de semblable à l'avenir. Si, avant son entrée dans la Société, un membre a assumé des obligations incompatibles avec les termes du pacte, il doit immédiatement s'en dégager.

Ces dernières dispositions, si enveloppées qu'elles soient, valent tout de même mieux que rien ; elles sont, malgré tout, la répudiation, timide et implicite, mais la répudiation du régime des traités secrets, tels que ceux, par exemple, qui avaient prévu, si opportunément ! au mois de février 1917, entre les Gouvernements du Tzar et de la France, l'échange de Constantinople et de la Pologne, contre la Rive gauche du Rhin. Elles contribuent à expliquer l'impopularité croissante du Président Wilson, dans les milieux nationalistes, et les concessions qu'il a dû faire à l'esprit de conquête plus ou moins déguisé, qui s'est réclamé sans doute, parmi nos Alliés, de ces traités, comme d'un démenti à opposer à nos formules officielles de désintéressement.

Il serait injuste de faire retomber toute la responsabilité de ces concessions sur M. Clemenceau. M. Clemenceau a revendiqué, comme nous tous, la guerre une fois déclarée par l'Allemagne, la restitution de l'Alsace-Lorraine ; mais il n'a jamais été partisan de la conquête plus ou moins déguisée de la Rive gauche du Rhin, ni d'aucune conquête, à commencer par les conquêtes coloniales qu'il a combattues, toute sa vie. M. Clemenceau est batailleur ; il n'est pas conquérant. Je l'ai entendu faire formellement et officiellement, en présence de son

Ministre des Affaires Etrangères, à propos de la Rive gauche du Rhin et du Bassin de la Sarre, cette déclaration catégorique: « *Nous ne voulons pas de députés protestataires au Parlement français.* » La conquête de la Rive gauche du Rhin a été souhaitée et poursuivie obstinément par des hommes d'Etat français qui ne sont pas lui ; et la conquête de la Rive gauche du Rhin a marché de pair avec celle de Constantinople et de la Pologne par la Russie; l'une était *la « contre-partie »* de l'autre, dans les traités secrets que la révolution russe a publiés et qu'aujourd'hui tout le monde connaît, sauf la France. Ces récents projets de conquête ont pu être invoqués contre nous à la Conférence, et M. Clemenceau ne pouvait les nier. Et quel beau rôle il aurait eu s'il avait opposé son désintéressement, qui était celui de l'immense majorité de la France, aux intrigues d'une diplomatie discréditée, et s'il s'était servi de ce désintéressement pour rappeler à la pudeur, autour de lui, les ambitions trop avides, au lieu de leur laisser le champ libre, et dans les colonies allemandes, et en Syrie, etc..., etc... Il s'est borné à constater, dans l'âpreté de ses discussions avec nos Alliés, que tous étaient ou avaient été également coupables. Tous les Gouvernements des Grandes Puissances ont largement pratiqué, en effet, dans ces dernières années, l'esprit de conquête, pendant la période des surenchères d'armements soi-disant destinées à nous assurer la paix ; et quand les Gouvernements faiblissaient, quand des Ministres ou des chefs d'Etat libéraux, comme il s'en est trouvé et en France et en Angleterre et en Russie et en Italie, essayaient de ralentir le mouvement, la presse se chargeait de les relever. Et, à défaut de la presse, les bureaux de toutes les administrations, aussi bien françaises qu'anglaises, que russes, italiennes et allemandes, sans parler des balkaniques et autres, se passaient de la permission des Gouvernements pour les pousser dans cette voie. Et, à défaut des Gouvernements et de la presse et des bureaux, il y avait les agences louches de je ne sais quelles coulisses de quels milieux véreux, dans les grandes villes ou les plus petites, à commencer par l'agence royale du Monténégro.

*
* *

La doctrine de Monroë.

Les engagements internationaux, tels que les traités d'arbitrage et les ententes régionales, telle que la doctrine de Monroë, qui assurent le maintien de la paix, ne peuvent être considérés comme incompatibles avec le Pacte. Cette disposition, obscure, peut laisser prévoir que le Gouvernement des Etats-Unis se réserve d'invoquer la doctrine de Monroë à la fois pour refuser à la Société des Nations le droit d'intervenir dans les conflits du Nouveau-Monde, et pour s'abstenir, de son côté, de toute action dans les conflits de l'ancien. C'est là encore un des effets et un des signes de la défiance naturelle indiquée plus haut. Je n'y reviens pas. La doctrine de Monroë ne fut, à l'origine, qu'une assurance très nécessaire contre les intrigues de la Sainte-Alliance et pour la défense de la liberté menacée ; il s'agissait alors pour la nouvelle République Américaine de s'opposer aux tentatives de restauration autocratique poursuivies, par tous les moyens, jusque dans le Nouveau-Monde. La Conférence de Paris n'est tout de même pas la Sainte-Alliance et le fait de lui opposer, par avance, la doctrine de Monroë ne signifie rien ou en dit trop.

*
* *

Les colonies confiées à des mandataires.

« Aux colonies et dans les territoires qui, après la guerre, auront cessé d'être sous la souveraineté des Etats qui les gouvernaient précédemment, et qui sont habités par des peuples non encore capables de se diriger eux-mêmes », un régime spécial s'appliquera, sous les garanties nécessaires à leur bien-être et à leur développement. Ils seront placés sous la tutelle des Etats les mieux qualifiés pour assumer cette responsabilité, et qui deviendront les mandataires de la Société. En fait, l'Allemagne sera dépouillée de ses colonies au bénéfice de l'Angleterre, de la France et du Japon principalement.

L'opinion a vu, dans cette spoliation à peine déguisée, une infraction donnée aux principes de désintéressement proclamés par le Président Wilson et adoptés par les Alliés. On a pensé que la Russie, la France, l'Italie, s'étant réservé par traités secrets les conquêtes que l'on sait, dans la première partie de la guerre, l'Angleterre avait voulu suivre cet exemple et que le Gouvernement des Etats-Unis y avait consenti. Cette impression première s'est accréditée ; elle est très fâcheuse. L'impérialisme anglais n'est pas plus que les autres sans reproches ; la guerre du Transvaal n'est pas oubliée ; on ne prête qu'aux riches. Cependant, si on interroge les premiers ministres des Dominions britanniques, sur ce cas de conscience, leurs réponses se résument ainsi : « Nous, colonies émancipées, nous ne pouvons laisser des colonies en formation sous le régime d'oppression dont le militarisme allemand n'a que trop donné la preuve ; ce serait les abandonner, alors que nous sommes affranchies ; alors que nous voyons affranchir progressivement Cuba et les Philippines par une administration qui semblait devoir être inexpérimentée et qui s'est montrée supérieure ; nous croyons plus sage et plus humain de les attribuer à celles des Puissances qui peuvent les acheminer le plus sûrement à nous rejoindre. » Il y aurait beaucoup à dire sur ce raisonnement et, s'il est juste, ce n'est pas à l'Angleterre, c'est aux Etats-Unis qu'il eût fallu confier le mandat des colonies allemandes. Mais la démocratie américaine a été opposée à la guerre contre l'Espagne, entreprise par les seules intrigues d'une poignée de journaux chauvins, malgré l'honnête mais impuissante résistance du Président Mc. Kinley ; elle a déploré la conquête des Philippines et de Cuba ; elle n'aurait donc pas consenti à se rétracter pour agrandir son domaine colonial déjà trop vaste à son gré. Elle s'est bornée à faire de ce domaine, au dire de tous les observateurs honnêtes et impartiaux, un modèle d'innovation, un jardin d'essai de l'éducation et de l'émancipation libérale des indigènes ; elle était qualifiée pour être chargée par l'Europe d'un mandat désintéressé, mais elle n'a pas voulu s'exposer aux risques d'un tel fardeau et aux sonpçons de duplicité dont elle n'eût pas manqué d'être l'objet. En sorte que c'est l'Angleterre, c'est l'empire Britannique, déjà si riche et si impérial, qui s'est enrichi de son volontaire effacement. C'est la France aussi malheureusement ; c'est son faible Gouvernement, incorrigible, qui s'est flatté de prendre pour sa part le Cameroun et le Tongo. Là encore on peut mesurer, mieux peut-être que partout ailleurs, ce que M. Clemenceau a dû abdiquer des principes de toute sa vie pour donner à ses détracteurs de jadis une satisfaction, politique peut-être, mais inattendue. C'est pourquoi, sans doute, on l'a entendu comparer amèrement la Conférence de Paris au Conseil des Ministres de *Ruy Blas* et dire, il est vrai dans l'intimité : « Bon appétit, Messieurs ! Serviteurs qui pillez la maison ! » Il a dit cela dans l'intimité. A-t-il protesté par ailleurs ? Je l'ignore. En tout cas, il a laissé faire ; et c'est encore une défaillance de la Conférence que paiera cher la France, non moins que la Société des Nations.

Je ne me place pas au point de vue de l'amour-propre allemand, qui ne mérite d'ailleurs que de disparaître, et parce que dans tout contrat il convient de ne tenir compte que de l'intérêt bien compris des deux parties ; je confirme, au contraire, expressément ce que j'ai écrit et dit bien souvent, à savoir que les meilleures colonies allemandes seront toujours les colonies des autres. Trop heureuse l'Allemagne, si nous la débarrassons, du même coup, de ses charges militaires et coloniales pour en assumer, nous, le poids ! Et notre maladresse, dont nous tirons si aisément vanité auprès des masses ignorantes et des chauvins, apparaîtra de plus en plus lourde après la guerre, quand la population allemande, écrasée des charges que son régime militariste d'avant guerre lui aura values, cherchera, comme par le passé, et plus encore, avec une natalité débordante, le salut dans l'émigration ; quand elle se répandra, non pas seulement dans les colonies, mais sur le territoire même des autres pays, à commencer par la Russie dont les ressources infinies, en hommes et en richesses naturelles, valent celles de toutes les possessions européennes réunies; et, après la Russie, en Sibérie, en Asie, jusqu'en Chine, pays encore vierge, peuplé de 400 millions d'habitants. Prendre aux Allemands le Cameroun et le Togo pour les refouler en Russie et en Asie, voilà qui donne bien la mesure de la clairvoyance de la Conférence ! Mais je me place au seul point de vue de l'intérêt français. En prenant à l'Allemagne ses colonies, nous nous appliquons la morale de la fable des marrons du feu ; nous nous brûlons les doigts pour son profit et pour le profit des autres. C'est assez clair, mais le nationalisme ne veut pas voir clair.

La France a déjà trop de colonies ; beaucoup plus, en Asie, en Afrique, en Amérique, en Océanie, qu'elle n'en peut mettre en valeur. Elle immobilise ainsi des territoires, des continents, des peuples dont elle assume pourtant la charge nominalement. Et ces territoires, ces continents, ces peuples, il est puéril et imprudent de les accaparer pour rien, alors que d'autres Etats prétendent pouvoir en tirer parti, dans l'intérêt universel. La France se met ainsi, directement et quoi qu'elle fasse, en opposition avec l'intérêt du monde et de la Société des Nations. C'est grave, à la longue. L'Espagne, le Portugal et la Hollande en savent quelque chose.

Quoi qu'elle ait fait, la France n'a pas pu mettre en valeur tout son immense domaine colonial avant la guerre, en dépit de ses sacrifices héroïques et de ses succès le plus souvent admirables mais partiels ; elle ne l'a pas pu, parce que, saturée de guerres, depuis deux siècles, elle n'était pas assez peuplée, parce qu'elle avait besoin de se coloniser elle-même, sous peine de l'être par les Allemands, les Espagnols, les Belges, les Italiens, les Polonais, les Kabyles, etc.., et de noyer sa population clairsemée sous un afflux d'immigration qui la dénaturait peu à peu. Elle le pourra moins encore après la guerre même victorieuse qui s'achève, privée de la fleur de sa population, alourdie par la charge de ses mutilés et de ses invalides à entretenir, par celle de ses dépenses et des impôts, qui augmenteront d'autant pour elle le coût de sa production au bénéfice de ses rivaux. La France dépeuplée va supporter, du fait de la guerre, le poids d'une concurrence chaque jour plus inégale ; elle sera condamnée à un effort redoublé, quadruplé, par rapport à ceux du passé ; chacun de ses contribuables devra payer et travailler pour deux, au moins ; elle ne pourra diminuer indéfiniment ses forces en les dispersant. Elle s'aigrira, et elle aigrira contre elle ses amis, sans parler de la joie de ses ennemis. Inconsidérément développé, tout empire colonial devient une faiblesse et une cause de guerre. A quoi bon flétrir l'ambition allemande, si les Alliés surenchérissent !

Enfin, nous serons fiers au moins d'avoir ajouté le Cameroun et le Togo à notre empire ! Et la presse chauvine aura applaudi à ce grand succès de bon augure pour de plus grands succès futurs !

Et la Belgique ? Qu'en avons-nous fait ? Quels témoignages de reconnaissance avons-nous pensé à lui prodiguer, sans l'obliger à les mendier, en souvenir de ses sacrifices qui nous ont sauvés ? Rien ; nous n'avons pensé qu'à nous servir d'abord et à proclamer le désintéressement des Alliés !

Finissons-en avec l'article 22 du Pacte et ses « Mandats », autrement dit le partage des colonies. On ne peut aimer la France, admirer passionnément comme je l'ai toujours admirée, l'œuvre de ses incomparables pionniers et en même temps constater sans une protestation, bien vaine, hélas ! l'abus équivoque qu'en font ceux-là mêmes qui, le plus souvent, ont commencé par s'en moquer et par la combattre.

Quoi qu'il en soit, l'Allemagne sera dépouillée de ses principales colonies. Où trouvera-t-elle son exutoire ? Et au détriment de qui ? Peu importe aux négociateurs du Pacte et à leurs journaux.

*
* *

Le caractère des mandats à attribuer par la Société des Nations différera, selon le degré de développement du peuple, la situation géographique des territoires, etc.

Certaines communautés, qui appartenaient autrefois à l'Empire Ottoman, pourront être reconnues provisoirement comme indépendantes, moyennant certaines précautions transitoires, précautions dont l'obscurité risque à la fois de diviser les Alliés et de soulever contre eux le désordre du monde musulman et en Asie et en Afrique.

Dans l'Afrique centrale, le mandataire assumera l'administration du territoire à des conditions qui, avec la prohibition d'abus tels que la traite des esclaves, le trafic des armes et de l'alcool, etc.,, etc..., garantiront la liberté du commerce et des religions, l'interdiction d'établir des fortifications, des bases militaires ou navales et de donner aux indigènes une instruction militaire, et qui assureront aux autres membres de la Société des conditions d'égalité pour leurs échanges et leur commerce (article 22).

Certains territoires, tels que le Sud-Ouest Africain et certaines îles du Pacifique, peu peuplées ou très éloignées des centres de civilisation ou, au contraire, limitrophes du mandataire, seront administrés sous les lois et comme parties intégrantes du territoire de ce mandataire.

Les mandataires devront soumettre un rapport annuel sur l'exécution de leur mandat (article 22).

*
* *

Telle est la disposition dernière de ce long article 22, concernant à la fois le partage, et, dans une certaine mesure, l'administration des colonies. Si on ne met pas en doute que la rédaction de cet article soit sincère, dans son esprit ; si on admet que le Conseil de la Société des Nations fera son devoir et que les mandats d'administrer ne seront pas exercés sans contrôle, à la merci des forces militaires ou civiles et des exigences de quelques colons ou traitants, on peut et on doit concevoir que le Pacte, tout en prêtant aux critiques que j'ai indiquées, n'en constitue pas moins un progrès. Il apporte un effort de clarté et d'humanité dans un domaine trop souvent soumis à l'impunité d'une exploitation sans recours. On accusera le Président Wilson de « noble candeur » ou de « marchandage ». Je crois, pour ma part, qu'il a voulu, et avec lui tout le Nouveau-Monde libéral, poursuivre une campagne qui n'est en somme que la suite de nos grands mouvements révolutionnaires français et qui s'est imposée, aux Etats-Unis, depuis la guerre de Sécession et l'affranchissement des nègres, par réaction contre les abominables abus séculaires d'oppression dont furent victimes, en Afrique et en Amérique, les populations dites de couleur. Les colonies existent et ne peuvent pas être abandonnées à l'anarchie. L'antique institution de l'esclavage, née de la guerre, nous a légué pour longtemps ses tares ineffaçables. Un grand devoir de réparation s'est imposé à notre temps. Mais cette réparation sera bien lente et difficile après les crimes d'un tel passé. Des transitions sont inévitables. De là cet essai, qui semble suspect, de tutelle et de mandat exercés par les forts en faveur des faibles, suivant les méthodes si remarquablement appliquées aux Philippines et à Cuba, pour acheminer à un sort meilleur, progressivement, et selon leur degré d'aptitude, les populations jusqu'ici martyres. Il est certain que les tuteurs et les mandataires pourront abuser de leur délégation, comme le régisseur abuse des pouvoirs du maître éloigné, mais malgré tout, si le Conseil de la Société des Nations fait son devoir, l'horrible exploitation de l'homme par l'homme sera désormais, tout au moins et dans la mesure possible, sur la surface immense du globe, soumise à la surveillance et au jugement de l'opinion.

*
* *

L'égalité des races.

La question de l'égalité des races ne pouvait manquer de venir en discussion, avec celle des colonies, comme celle de la liberté des religions. C'est le Japon qui l'a posée ; c'était, dans une mesure et sous certaines réserves, son devoir. Elle n'a pas été résolue ; et il faut, pour s'en étonner, ignorer tous les éléments de cette question si complexe. Je n'en dirai que peu de mots, me référant à ce que j'ai écrit à ce sujet, en toute sincérité et avant la guerre, notamment dans mon livre sur « Les Etats-Unis d'Amérique »[1], quant à la douloureuse question des noirs et à celles des jaunes et des indiens.

Cette question des races a pris, naturellement, depuis la guerre, une grande importance. Elle s'imposait à notre attention, en France plus qu'ailleurs, dans le pays de la Révolution Française et des Droits de l'Homme et de la Révolution de 1848 ; c'est la France qui a donné à toutes les démocraties du monde le signal de l'affranchissement des esclaves ; et c'est elle, depuis Dupleix et l'expérience victorieuse de son protectorat en Tunisie, qui a condamné le système de l'exploitation des indigènes, en les admettant, sous le régime du protectorat, au bénéfice de la coopération. Nous ne reviendrons pas en arrière dans cette voie que nous avons ouverte et où le Monde civilisé, l'Angleterre, avec Livingstone, et l'Amérique nous ont suivis. En serions-nous tentés que toute la France se lèverait pour protester contre une telle répudiation, depuis que nos colonies ont si généreusement versé le meilleur de leur sang avec le nôtre pour la défense de la liberté du monde. On a fait le compte de ce que nous avions perdu de Français pendant cette guerre ; a-t-on seulement une idée de la part qui revient à nos colonies dans ce total ? Elles ont été baptisées, naturalisées françaises par leur sacrifice. Mais, cela dit et proclamé, pour que les indigènes reçoivent de notre affection reconnaissante le prix inestimable de leur dévouement, cela dit, je proteste contre la tendance qui consiste à promettre aux nègres et aux jaunes sur le papier des avantages présentement irréalisables. Sur ce point les détracteurs de la Société des Nations ont manqué de courage ou de franchise ; ils ont cédé à la plus hypocrite des campagnes dirigées contre l'Amérique et contre l'Angleterre par le chauvinisme bien plus que par la démocratie française. Les adversaires

1. 1 vol. Paris, 1913, Colin, éditeur. Nouvelle édition, 1917. — Traduit en anglais sous ce titre : *America and her Problems*, 1 vol. Mac-Millan, éditeurs, New-York, 1915. Nouvelle édition 1918.

de toute égalité dans notre pays affectent de reprocher amèrement aux Américains et aux Anglais leurs résistances sur ce point. Ces résistances pourtant sont explicables, si on admet que la civilisation n'a pas atteint un même niveau dans tous les pays et qu'elle n'y arrivera que par une préparation et par une éducation transitoires. Si la France veut parfaire l'œuvre d'isolement que son Gouvernement actuel n'a que trop inconsciemment poursuivie, si elle veut achever de s'aliéner les Etats-Unis et tout le monde Anglo-Saxon, et le Japon même qui réclame aux Américains et aux Australiens l'égalité des races dont il n'entend pas appliquer le bénéfice aux Coréens et aux Chinois ; si la France, beaucoup plutôt pour indisposer ses Alliés que pour servir les indigènes, entend imposer au monde des principes qu'elle n'appliquera pas elle-même dans les plus considérables de ses colonies, qu'elle insiste pour une solution absolue du problème de l'égalité des races. La question est tellement complexe et d'une telle profondeur morale ; elle soulève des scrupules nationaux, sociaux, personnels, des cas de conscience si respectables qu'il y a mystification grossière à prétendre en réclamer d'autrui la solution qu'aucun de nous ne consent et ne peut consentir à poursuivre, pour ce qui le concerne, chez lui. Quel homme d'Etat stupide voudra faire du même coup le malheur des nègres, des blancs et des jaunes en n'en faisant aveuglément qu'une seule famille ? J'ai traité cette question cent fois. Si on m'y contraint, j'examinerai dans quelle mesure nous pratiquons les uns et les autres, après avoir justement flétri et abattu l'ignoble domination du militarisme allemand, dans quelle mesure nous pratiquons, chez nous et dans nos colonies, l'égalité des races et des sexes ; nous, Français, dans nos colonies et même dans nos capitales[1] ; nous, Anglais, nous, Japonais, nous, Italiens ; et il ne faudra pas beaucoup de vérité pour avoir raison des soi-disant généreuses indignations qui s'élèvent aujourd'hui, contre les Américains et les Australiens, maintenant que leur secours ne nous

1. V. notamment mon livre sur *La Politique Française en Tunisie, les débuts d'un Protectorat*, 1 vol. Plon, édit., Paris, 1890.

est plus indispensable. Peuple en formation, peuple jeune, peuple d'immigrés, les Américains sont obligés, comme tous les autres peuples, de procéder par étapes à leur formation. Qu'ils aient commis, qu'ils commettent tous les jours des fautes et qu'on ait le devoir de les leur signaler, soit ; mais n'oublions pas que chacun de nous a commis et commet les siennes ; ne mettons pas trop les nôtres dans l'ombre de celles d'autrui.

Réclamer l'égalité des hommes, de tous les hommes, et de toutes les femmes, et des enfants, et des faibles, dans l'intérêt des races opprimées, dans l'intérêt de tous les opprimés de tous les pays, c'est notre devoir de Français, d'hommes libres ; mais la réclamer pour ne pas la pratiquer chez nous et simplement pour accuser les Américains, les Anglais, les Japonais et d'autres encore, parmi nos Alliés, de ne pas la pratiquer davantage, c'est plus qu'un enfantillage et une mystification, c'est une mauvaise querelle et rien d'autre. Est-ce là ce que notre patriotisme doit chercher après cette guerre ?

*
* *

Administration internationale. Les conditions du travail.

Un embryon de Parlement populaire international.

L'article 23 du Pacte intitulé : *Administration internationale*, est des plus importants. Il constitue, sur le passé et pour l'avenir, un progrès immense. Il prévoit une réglementation générale des conditions du travail pour l'homme, la femme et l'enfant, non seulement aux colonies mais sur le territoire même de chacun des membres de la Société des Nations. C'est là un abandon de souveraineté d'une portée incalculable. On objectera que le Conseil ne tiendra pas la main à l'application de cet article. Mais cela n'a plus d'importance. Sous les influences les plus libérales, la Conférence a pris, sur ce point, les précautions qu'elle a éludées sur d'autres. Le Conseil sera surveillé d'abord par le fait que les questions intéressant le travail seront l'objet de débats publics dans chacune des assemblées de chacun des membres de la Société des Nations. Il sera menacé d'interpellations comme les Gouvernements eux-mêmes. A supposer qu'il se désintéresse, par exemple, de la question, en apparence inextricable, de la durée des heures de travail, le principe de la journée de huit heures n'en aura pas moins été adopté par tous les membres de la Société et, en même temps, tout un ensemble de principes et de méthodes définitifs ou transitoires destinés à « améliorer grandement le sort des travailleurs salariés » et expressément « à assurer leur bien-être physique, moral et intellectuel ». Bien plus, le Pacte, par un ensemble de déclarations qui ne seront pas platoniques (Partie XIII du traité de paix, « Travail »), a prévu les moyens de contrôle ou d'exécution, et « *les organisations internationales nécessaires* ». En fait, voilà le Conseil dessaisi. Un parlement international des travailleurs, quel que soit le nom qu'on lui donne, est officiellement associé à la Société des Nations. Peut-on concevoir, à côté de ce Parlement, et en conflit avec lui, un Conseil de fonctionnaires et de diplomates rétrogrades, hostiles ou indifférents à la paix ? Cela ne pourrait pas durer. Le Conseil finira par être sincèrement, délibérément pacifique, ou il ne sera pas. C'est pourquoi les Gouvernements feront bien d'en prendre leur parti et de le constituer tout de suite le plus honnêtement possible. Et c'est ce qu'ils feront ; j'en suis sûr. Le pays qui se laisserait convaincre de manœuvres perturbatrices ou d'obstruction, au sein du Conseil, se mettra lui-même au ban de l'humanité.

*
* *

Le Pacte n'a pas manqué d'assurer le contrôle et le développement des accords relatifs à la traite des femmes et des enfants, « au trafic de l'opium et autres drogues nuisibles » ; à l'interdiction du commerce des armes et des munitions ; à la lutte contre les maladies. Sans aborder, naturellement, la question de la liberté des échanges, il prévoit expressément la liberté des communications et du transit, ainsi qu'un équitable traitement du commerce de tous les membres de la Société; étant entendu que les nécessités spéciales des régions dévastées par la guerre 1914-1918, seront prises en considération (article 23).

*
* *

Tous les bureaux internationaux, antérieurement établis par traités collectifs, seront placés, nous l'avons vu, sous l'autorité de la Société, et de même pour les bureaux à venir (article 24). Cela encore est une décision considérable. S'il y a vraiment volonté d'établir une Société des Nations, le Conseil deviendra, par la seule force des choses, pour toute la vie internationale, le pouvoir administratif commun à cette Société. C'est, je le répète, la cité future en germe, avec ses offices centraux, avec son tribunal suprême et ses assemblées délibérantes, en attendant son Parlement.

*
* *

Les organisations volontaires, telles que la Croix-Rouge, pour améliorer la santé, prévenir les maladies et adoucir la souffrance humaine, auront droit à l'appui de la Société (article 25).

Enfin, le Pacte peut être amendé (article 26).

Ce dernier article laisse la porte ouverte au développement de la Société. Et ce développement est certain, à la condition, je le répète, que les membres de la Société soient unis et restent unis, à la condition aussi que l'Assemblée et le Conseil qui l'administrent seront constitués par des choix favorables à l'avenir de la Société des Nations. Heureusement, nous l'avons vu, la Société ouvrira une carrière internationale à des activités enfermées jusqu'alors dans des limites nationales et ces fonctionnaires, chargés de poursuivre l'évolution de leur milieu, ne pourront pas être incapables eux-mêmes d'évolution et insensibles au grand souffle des revendications populaires et humaines.

*
* *

Les responsabilités de la guerre.

A tout prendre, le texte du Pacte, complété par celui du traité de paix et de toutes les conventions et dispositions connexes donne, sur plusieurs points, satisfaction aux grands courants de l'opinion universelle et à ses exigences de réparation et de justice.

Il est officiellement établi sans conteste, aux yeux du monde, que, de nos jours, la guerre offensive est non seulement une mauvaise action mais une mauvaise affaire. Désormais la responsabilité des auteurs ou fauteurs ou complices de la guerre ne pourra plus être éludée. La Société des Nations s'engage à frapper les coupables, à commencer par le Kaiser.

« Guillaume II est mis en accusation publique pour offense suprême contre la morale internationale et l'autorité sacrée des Traités. » (Partie VII du Traité.)

Il sera jugé ; si le Gouvernement des Pays-Bas se décide à le livrer ?... Et non pas lui seulement, mais quiconque sera accusé d'actes contraires aux lois et coutumes de la guerre (telles qu'elles ont été rédigées par les Conventions de La Haye dont le traité s'obstine à ne faire aucune mention).

Ces dispositions visent exclusivement les coupables allemands, mais on n'empêchera pas les débats qui aboutiront à la condamnation du Kaiser, de mettre en cause après lui, quiconque, directement ou indirectement, aura contribué à compromettre avec lui la paix.

Le procès du Kaiser sera la liquidation de toutes les responsabilités de la guerre. C'est pourquoi bien des influences s'exerceront, soit auprès du Gouvernement néerlandais, soit ailleurs, à empêcher qu'il vienne jamais devant ses juges. Mais, là encore, toute opposition rétrograde sera vaine et l'opinion, en dernier ressort, réclamera toute la lumière et l'obtiendra. Espérons-le.

*
* *

Je reviens donc à l'opinion que j'exprimais en entreprenant l'examen du Pacte. Il est imparfait, mais il constitue quand même un progrès, un réel progrès. La Société des Nations est créée ; elle sera ce que nous voudrons qu'elle soit, pourvu que l'union subsiste entre les alliés. Tout est là.

*
* *

La dernière faute à commettre.

Ne perdons pas de vue que, dans tous les pays, les adversaires naturels de la Société des Nations sont opposés à toute association petite ou grande qui menace leurs privilèges. Plus cette association sera vaste, — à plus forte raison si elle est mondiale, — plus leurs efforts tendront à sa perte ; toutes leurs défiances, toutes leurs hostilités n'en feront qu'une. Hostiles à l'émancipation de l'individu, comment se prêteraient-ils à celle des peuples ? Mais cette hostilité est vieille comme le monde ; elle s'est brisée à la longue, contre les plus puissantes des associations nationales ; il dépend de nous qu'elle se brise de même contre la Société des Nations.

Restons bien d'accord avec nos Alliés, puis avec tous les membres à venir de la Société des Nations, pour améliorer sa constitution. Si nous laissons l'opinion s'instruire à rebours, de façon qu'elle soit ingrate pour nos alliés, comme nos alliés ont été ingrats eux-mêmes pour leurs précurseurs de La Haye ; si, au lieu de les convier à un concours de bonnes volontés fécondes, nous versons dans l'erreur de rivaliser avec eux de récriminations et de soupçons, alors nous ouvrirons, de nos propres mains, la brèche dans l'édifice que nous prétendons construire.

Les Anglo-Saxons commenceront aveuglément par se passer de nous, comme ils ont commencé à le faire à Paris, jusqu'au jour où les circonstances ou nos maladresses les tourneront contre nous, puis les uns contre les autres.

La rédaction d'un pacte superficiel n'est acceptable qu'à la condition d'être amendée par l'union de ses signataires, justifiée par un accord devenant à la longue universel et indestructible.

Sinon ce n'est pas la rupture seule du pacte qui est certaine : c'est la rupture de nos alliances, c'est l'isolement et, par conséquent, la fin de la France et, pour tout dire, la fin du monde civilisé.

D'ESTOURNELLES DE CONSTANT.

Le Gérant : EDMOND SCHNEIDER.

MAYENNE, IMPRIMERIE CHARLES COLIN

www.ingramcontent.com/pod-product-compliance
Ingram Content Group UK Ltd.
Pitfield, Milton Keynes, MK11 3LW, UK
UKHW022132260726
13993UKWH00003B/1379

9 782329 049212